モルドヴァ民話

グリゴーレ・ボテザートゥ＝収集・語り
レオニドゥ・ドムニン＝挿絵
雨宮夏雄＝訳
中島崇文＝解説

明石書店

MOLDAVIAN FOLK-TALES

Collected and retold

by Grigore Botezatu

Second revised and enlarged edition

Translated from the Moldavian by Dionisie Badarau

Illustrated by Leonid Domnin

KISHINEV

LITERATURA ARTISTIKA

1986

「モルドヴァ民話」へのお誘い

　モルドヴァ（一九九〇年に国名をモルダヴィア・ソビエト社会主義共和国から、モルドヴァ共和国、通称モルドヴァに変更）は、ルーマニアとウクライナに国境を接する東欧の小国ですが、美しい自然と豊穣な大地に育まれ、豊かな民族文化を形成してきました。この地の人々は、古来よりスラブ人、ハンガリー人、タタール人など様々な民族の支配を受け、十四世紀におけるモルダヴィア公国（モルドヴァがその一部を構成）建国以降も、オスマン帝国やロシアなど、周辺大国の勢力下に置かれてきました。

　モルドヴァの国歌「我らの言葉」の一節に、〝炎と燃える我らの言葉／閉ざされた闇の祖国で／人々は眠りから目を覚ます／伝説の中の勇者の如く〟とありますが、厳しい歴史を通じ、人々は祖国への思いを物語に託し、世代から世代へと継承し、勇気、希望そして誇りを後世に伝えてきました。長い時を経て口承されてきた様々な物語や伝説に親しむことは、古代、中世から続く人々の生活の息遣いに触れることであり、モルドヴァを知る極めて効果的な方法にほかなりません。

今回翻訳し、ご紹介する「モルドヴァ民話」は、グリゴーレ・ボテザートゥ編集、ディオニシエ・バダラウ英訳、レオニドゥ・ドムニン挿絵により、モルドヴァの首都キシナウのLITERATURA ARTISTIKA社より、一九八六年に出版されました。ボテザートゥ氏（一九二九年一月十四日生）は、モルドヴァ国立大学歴史・文献学部卒業、モルドヴァ科学アカデミー歴史・言語・文学研究所に所属する民俗学者です。長年にわたり、モルドヴァ共和国だけでなく、キロボグラード、ニコラエフ、北コーカサス、オデッサのモルドヴァ村における民間伝承を収集、出版し、その研究成果は高く評価されています。

「モルドヴァ民話」には多くの物語が収録されていますが、本書では、今回十三の物語をご紹介致します。ボテザートゥ氏は、本書「はじめに」でモルドヴァの美しさ、民話の持つ力を、分かり易くかつ美しく解説しています。ぜひ多くの皆さんに、この物語に触れて頂き、モルドヴァの人々や文化に関心を持って頂ければ幸いです。

もくじ

はじめに

モルドヴァは、葡萄と果樹庭園の国であり、無法者やグリゴリー・コトフスキー[1]やセルゲイ・ラゾ[2]のような伝説的英雄の故国であり、ノスタルジックなドイナ（挽歌）と活気ある合唱円舞の故郷である。果てしない大地には至る所に泉が湧き、古代から続く森はとめどなくさらさらと枯葉を落とし、物憂げなニストル（ドニエストル川）は、岩々を縫うように水を湛え、村々はどこでも陽を浴びて鈍く白く輝き、〝力を与える藪〟といわれる葡萄蔓は、陽の光と大地の活力、それにモルドヴァの人々の汗を、日ごと集め、黄金の葡萄の実に注いでいく。

〝楽園への玄関口〟、楽しい古い民謡〝ミオリッツァ[3]〟の中で、詩的にそう呼ばれたが、モルドヴァは、その大地の美しさ、豊かさのみならず、精神文化の宝庫であることから、広く知られるようになった。

ノバックとグリア[4]、ブレイブ・ジョージ[5]、コドレアヌ[6]、コービア[7]、ブズホー[8]、トブルトック[9]についての英雄的叙事詩の曲は、彼らの人生を芸術的にまとめあげ、その勇気ある行為、人々の敵に対する激しい憎悪、自由への切望、搾取に対する不屈の闘い、そして故国への愛を歌い上げている。

誰もが、「チャーミング王子と太陽」(10)「小人とドラゴン」(11)「勇敢なペッパーとローレル」(12)「ペペレアと貪欲な大家」(13)「パカラとティンダラ」(14)などの民話を愛するように成長する。

このようなお伽話《とぎ》が保存されているのは、民話の語り部のお陰であり、また彼らの語りの技能や物語を創り出していく才能に負っている。語り部たちのレパートリー、語りの特徴や方法はそれぞれ異なっていながら、国中で良く知られ、大いに尊敬され、誰もが愛着をもってその話しに聞き入るのである。

古い民話では、語り部たちに何らかの神託を伝える役割は、なにがしかの超自然的、幻想的な存在によって担われる。そのような詩的な登場人物といえば、白いあご鬚の老人が通例だが、蜂蜜入りの金のゴブレットや、羊飼いの笛を語り部に手渡したり、お伽話に秘められた謎を彼らに伝えたりする。毎夕、毎夕のひと時の間、新しい美しいお伽話をした羊飼いには、褒美として、彼が世話している群れの中に、未来を告げる不思議な羊が現れるという信仰もあったお伽話それ自体が、人々の芸術的想像の世界では、火に変化するとも考えられていた。十九世紀末に出版されたモルドヴァの民話には、昔、三人の旅人がある村の一軒家に一晩泊まり、それぞれがお伽話を披露したところ、後になって、お伽話は三つの火となり、ありとあらゆる悪魔から家を守ったという話が載っている。民俗学者のE・N・ヴォロンカは[15]、一九三〇年に、この話をマクハラ村で語り部から聞き、「お伽話が家を三重に取り巻き、どんな悪魔も近づけなかった。お伽話を夜語ったことが良かったというのは、そういう訳ですね」と語っている。

お伽話を語ることとは、経済的、歴史的条件により制約されながら、人々の歴史とその発展との密接な関連の中で、徹底的に研究されてきた。だがそれは、悪霊を払いのける手段といった、お伽話のパワーを証明しようと意図するためではなく、お伽話が秋や冬の夜長に語られることで、悪魔を追い払い、火のように空高く舞い上がり、その光で暗闇を晴らし、人々の生活を守るといった、古くから伝わる信仰の象徴的意味を明らかにするためである。光のパワーは、もちろん、お伽話に現れる永遠の春のような心や、偉大な行為による感動や、伝説的英雄たちの賢さや勇気からも齎《もたら》される。この本に収集されたお伽話でも、それは十分に示されている。

お伽話は、モルドヴァの人々の民間伝承の重要な一部を代表している。その収集及び出版はずっと以前から始まっていた。多くの人気のある叙事詩・散文作品のモチーフは、モルドヴァの古い文献や民俗に関する本に含まれるものであった。

モルドヴァのお伽話は、A・S・プーシキン、A・M・ゴーリキー、M・コツビンスキーなど、ロシアやウクライナの作家たちを魅了してきた。ゴーリキーは民話の語り部から、自分の胸から心臓を引き裂き、それを松明《たいまつ》のように高く掲げ、仲間たちの行く手を照らしたダンコ(16)の伝説を聞いている。多くのモルドヴァのお伽話は、N・ゲルバノフスキーやA・I・ヤツミルスキーによって、ロシアで出版され、広く大衆に読まれてきた。

モルドヴァの民話は、幻想的なお伽話、小話、伝説、動物物語、逸話など様々な形式があり豊かである。正義や、すべての悪魔の力を打ち負かすことや、さらには楽観主義や善行を空想するお伽話は、過去において抑圧されてきた人々の憧れや夢と無関係ではない。楽観的な登場人物は大胆で不屈の闘いによって幸運を手にする。登場人物の賢さや英雄的行為は高く評価され、これらの作品の中でしばしば描かれてきた。

過去において、お伽話が語られる集まりはとても多く、村人が全員一堂に会する時にはまず語られた。彼らが集団作業などのために集まった時には、冗談、手品、歌、愉快な物語、謎解き、そしてもちろんお伽話が織り込まれるなど、特別な演目が用意された。

このようにモルドヴァの村ではどこでも、いくつもお伽話の糸が紡がれ、時を遡り話し始める優しい声が聞こえてくる夜のパーティーでは、誰もが歓迎される。

お伽話は、ドイナ、フォーク、バラード、諺や謎とともに、人々の精神的豊かさ、戒め、崇高な思想、そして疑いようもない美しさに満ちている。

お伽話はお伽話です、
そして、それを伝えるために、失敗してはなりません、
すべてのものがどのように起こったか、そしてそうなったか、
ある夜、ある村で、人々は私にそう言った。

Gr. Botezatu

[注]

(1) Grigore Kotovski (1881–1925)：ベッサラビア出身の共産主義軍の指導者であり政治活動家 (ro.wikipedia.org)。

(2) Sergei Lazo (1894–1920)：ロシア極東における一九一八七年十月の革命における共産党指導者。現在でも、ロシア極東の多くの地名に「ラゾ」の名前が冠されている。(ro.wikipedia.org)

(3) “Miorița”：三人の羊飼いと言葉を解する子羊が登場する、ルーマニアで愛される口承叙事詩。

(4) Baba Novac and Gruia Novac (16–17C)：父とその長男。ババ・ノヴァックはルーマニアの王子ミハイ勇敢公（ルーマニア語では Mihai Viteazul）軍に一将軍として加わり、カルガレニの戦いでトルコ軍を、ナイエニでの戦いでポーランド軍を破り、その後モルダヴィア軍に従いヤシの街を征服する。グルーイ・ノヴァックは対トルコ戦で捕らえられ、三年間投獄されるが、父ノバックにより救出された。カラスの力を借りて息子を助け出したという物語が伝説として今に伝えられている。(ro.wikipedia.org)

(5) Brave George

(6) Corneliu Zelea Codreanu (1899–1938)：ルーマニアの政治家。二十世紀前半のファシスト組織、鉄衛団の指導者。(ro.wikipedia.org)

(7) Corbya

(8) Buzhor

(9) Tobultock

(10) ‘Prince Charming and Leonora Golden-Locks’

(11) ‘Hop-o’-my-Thumb and Dragon-the-Bold’

(12) ‘Brave Pepper and Laurel-the-Monster’（賢い農家の少女のお伽話）

(13) ‘Pepelea and the greedy landlord’

(14) ‘Pacala and Tyndala’（ユーモラスな物語）

(15) E.N.Voronka

(16) Danko

第一話　暁の王子

　昔むかし、子どものいない皇帝がありました。折しも人々は、もし皇后が、朝早くブルーグレイの森に行き、誰も足を踏み入れていない、朝露いっぱいの道を通り抜ければ、子どもに恵まれるだろうと、口から口へ、耳から耳へ噂していました。皇后はそれが本当かどうか、思い切って試してみたところ、実際、しばらくすると彼女はみごもり、とても可愛い男の子を産みました。男の子は〝暁の王子〟と名付けられました。

　後日、皇帝はすべての人々を招き、たくさんのご馳走と音楽を用意し、王子のための盛大な洗礼式をとり行い、先例に倣って庭に記念樹を植えました。少年は成長し、記念樹もまた大きくなりました。しかし、少年も木も普通とは異なり、考えられないような奇想天外な育ち方をしました。一、二カ月のうちに少年はまたたく間に成長し、もはや立派な若者になっていましたし、木は地面から空高く伸びましたが、高過ぎて、その頂きは見ることもできませんでした。

皇帝は木を見上げ、大いに悩まし気に尋ねました。

「これは、一体何という木なのか？　どのような実をつけるのか？」しかし、誰も皇帝にこたえられませんでした。そこで皇帝は、誰であろうと、この木の頂きまで登り、何がしか木の実を持ち帰った者には、帝国の半分を褒美として与えよう、と使者に広く触れさせました。


多くの勇敢な若者や王子たちが、自分の勇気を試そうとやって来ましたが、はるか上まで行かないうちに、皆、くらくらと目眩《めまい》がして、地面に落ちてしまうのでした。

「お父さん、僕を木に登らせてください」皇帝の若い王子が言いました。

「お前はそのようなことを考えてはならぬ！　私のこの広い王国に、誰か他に、死ぬ覚悟ができている者はいないのか？」

皇帝の言葉を聞いて、王子は泣き始めました。一週間泣き続けましたが、皇帝は王子の言葉を聞き入れようとしませんでした。

悲しみと怒りでいっぱいの少年は、ポケットに溢れるばかりの金貨を押し込み、広い世界で自分の幸運を探そうと旅立ちました。彼は歩きに歩いて、森の外れまでやって来ましたが、見ると、タカラガイの貝殻を持った年老いた魔女が、泉のそばの小道の上に、フワフワ宙に浮くようにして座っているのでした。年老いた魔女は、彼を見るや否や言いました。

「この老いぼれの哀れな女に金貨をおくれ。そうすれば、良いことを教えてあげよう。私は、お前さんが何を不満に思っているか、知っているよ」

「私の前から立ち去れ、さもないとお前を殺すぞ！」まだ怒りの癒えていない王子は言いました。「お前のタカラガイで、私の幸運を言い当てることなんてできやしない」

彼は歩き始めましたが、魔女が遮りました。

「戻りなさい、王子！　お前は自分の短気で、父親を怒らせてしまった。戻って、木に登らせてくれるよう、許しを乞いなさい」。年老いた魔女は、これまで生涯で多くのことを見、経験してきたので、王子が何を悲しんでいるのか見抜いていました。暁の王子は、彼女が王宮の記念樹のことを話したので、足を止め魔女に近づきました。魔女は、勇者たちのすべての偉業が書かれた本を取り出し、とあるページに目を落としながら言いました。

「皇帝のところに戻り、木に登りたいと告げなさい。そしてお前が無事戻ったら、皇帝は自らの冠をお前の頭に置かねばならない。しかし、もしお前が木から落ちてしまったら、自分の首を切り落としても構わないと、そう言いなさい。また、お前がどのくらい高く登ったか知ることができるよう、大きな毛糸玉をくれるよう頼み、登る時にはその片端を持って行きなさい」

暁の王子は、一握りの金貨を魔女に与えると城に戻り、また皇帝に木に登らせてくれるよう、懇願しました。

「ならぬ、ならぬ！」皇帝は言いました、「そのようなこと、考えてはならぬ！」

そこで王子は重ねて許しを乞いました。

「こういうことではどうでしょうか。もし私が木から実を持ち帰ったら、皇帝の冠を私の頭に置いてください。しかし、もし私が木から落ちたら、私の首を刎《は》ねてください」

これを聞き、皇帝は顧問や相談役と相談し、ようやく彼を木に登らせることを了承しました。

「それでは、荷馬車の車輪ほど大きい、一本の毛糸でできた、毛糸玉を持って来させてください」王子は言いました。

「良いだろう」皇帝はこたえました。それから王子は準備を整え、木のところまで行き、皇帝に向かって言いました。

「毛糸玉がほどけ続けている限り、それは私が登り続けている、ということを示しています。楽団を呼び、ずっと演奏させてください」

というわけで、楽団は王子が木に登り続けている間、演奏を続けておりました。王子は、上へ上へと、十二年間登り続けました。とうとう毛糸の一方の端が彼の手にあり、他方の端が地面に着きました。木は一番高い所で三つの枝に分かれていて、それぞれの枝に一つずつ、金のリンゴの実をつけていました。

王子がリンゴを見ていた時でした。金色の尾羽の白い鳥が、空からリンゴを目がけて舞い降りてきて、一つのリンゴを食べました。それから鳥はもう一度旋回すると、二つ目のリンゴを食べてしまいました。王子の心臓は心配で破裂しそうでした。

鳥がリンゴをすべて食べてしまったら、暁の王子はどうすればいいのでしょう？　金色の尾羽を持ったその白い鳥が、三つ目のリンゴを目がけて飛んで来た時でした。王子は尾羽を摑んで鳥を捕え、リンゴを手に入れました。鳥は体をピクピクくねらせ、もがき、体を引き裂くようにして、飛び去って行きました。王子の手には、一つのリンゴと一本の羽が残されていました。

「ありがたい。リンゴを手に入れることができた」

王子は大きな声で言いました。「この羽は持っていよう。もし私が生きていれば、間違いなくあの鳥を見つけることになるだろう」。リンゴと羽をポケットに押し込むと、王子は木を下り始めました。下へ下へと、彼はきっちり七年かけて下りて行きました。

ようやく地面に下り立ったとき、彼はとても疲れていたので、たちまちその場で眠気に襲われ、宮殿の果樹園で、三日と三夜の眠りに落ちました。四日目に彼は目覚めました。彼の周りには人々が群がっていました。彼は人々に声をかけました。

「心優しい人々と兵士の皆さん、皆さんに再会でき、私はなんと幸せでしょう。皆さんは希望をもって、私の帰りを待っていてくれました。良い知らせがあります。ご覧なさい、ここにあの木になった果実があります」そう言って、彼は人々に金のリンゴを見せました。

皇帝は自らの王冠を脱ぎ、息子の頭に置こうとしました。

「待ってください、お父上！」王子は言いました。「他のリンゴを盗んだ泥棒を、私が捕まえるまで、私は王冠を受けることはできません」

そして彼は皇帝に、金の尾羽を持った白い鳥のことを話しました。皇帝の喜びはたちまち悲しみに変わりましたが、息子を止めることはできません。王子の心は決まっていました。

暁の王子は出発し、虹を越え、満天の星空まで歩き、魔王〝ブラックアラブ〟の領土までやって来ました。ブラックアラブは、占星天宮図に、暁の王子という勇敢な若者が生まれ、彼が国境を越えて自分の領土にやって来ると、書かれていたのを見たことがありました。天宮図を改めて手に取ると、ブラックアラブは、暁の王子が四十年前に生まれたことを知りました。

それから、彼は遠眼鏡を目に当てて辺り一帯を見回し、とうとう一人の男が、自分の領土の国境の上で寝ているのを見つけました。暁の王子です。王子は長旅でとても疲れていたので、休息しようと足を止め、深い眠りに落ちていたのでした。

分厚い唇のブラックアラブは、遠眼鏡を目から外すと、一体誰が自分の王国の国境で寝ているのか、急いで見に行きました。暁の王子のところまで来ると彼は尋ねました。

「お前は誰だ？」

「皇帝の息子だ」

「名前は何というのか？」

「暁の王子だ。あなたは？」

「私は、ブラックアラブだ」

「よろしく。あなたのことを聞いたことはないが。少し休息を取りたいので、あなたの宮殿に私を連れて行ってくれないか」

「少々待っていただきたい。あなたのような客を迎えるには準備が必要なので」

暁の王子は、熟睡した後でしたので、辺り七マイル四方の地面が燃え盛るほど、力が漲《みなぎ》っていました。ブラックアラブは、暁の王子が彼の王国を、すべて灰にしてしまうのではないかと、怖れました。

ブラックアラブは、いくつかの山を集め、それを川で囲み、その真ん中に巨大なテーブルを置くよう、召使たちに命じました。ありとあらゆる種類の料理やご馳走が用意され、すべての準備が整ったところで、ブラックアラブは暁の王子を祝宴に招き、話し始めました。

「勇敢な若者よ、あなたは何のために、この王国にやってきたのか？」

「私は、黄金の尾羽を持つ白い鳥を探している」

「勇者よ、それは鳥ではない、乙女なのですよ。彼女は隣国に住んでいて、私も一目見たいと試みたが、一度たりとも叶わなかった」

「どうだろう、私たちは義兄弟の契りを結び、彼女の宮殿に行こうではないか」

「友情の誓いを立てましょう」二人は互いの手を取って言いました。

「兄弟として生きて行こう、しかし我々の誓いを、誰にも知られないように」

こうして、二人は義兄弟になりました。

「さあ、黄金の尾羽を持つ、白い鳥の宮殿に参ろう」暁の王子は言いました。

「そこへ行くのは何の問題もないのだが、彼女の帝国の国境には、鉄の土台に鋼鉄製の壁が築かれ、さらにその上に、先端に毒の塗られた槍が取り付けられている。今までこの世界の誰も、それを乗り越えた者はいないのだ」ブラックアラブは言いました。

暁の王子とブラックアラブは出発し、深い森を抜け、いくつかの広い川に沿って、長いこと歩き、ようやく先端に毒を塗られた槍の壁までやって来ました。

王子は少し離れたところから、壁に向かって走り、胸を壁に打ち当ててみましたが、壁はほんの少し揺れただけでした。二度目に、彼が全身の力をこめ、息を殺して壁に突進しますと、今度は壁が崩れ落ちました。

壁の隙間から、天国への入口とも思えるほど美しい花園が見えました。しかし、花の強い匂いのために、生き物はすべて死んでいました。花たちの芳香は、誰をも死の眠りに引き込む魔力に満ちていました。

分厚い唇のブラックアラブは、身を翻し、七つの丘と七つの池を呑み込んで、呪《のろ》いのかかった花園に戻って来ると、呑み込んだ丘の土と川の水を吐き出して、花園をすっかり覆いつくしましたので、芳香は消えてなくなりました。それから、頭を踵《かかと》の方によじらせると、彼は六対の翼を持つ、漆黒の馬に姿を変えました。

「暁の王子、私に跨りなさい。あなたを白い鳥の乙女の宮殿に連れていきましょう」

王子は彼に乗り、そのたてがみを揺さぶると、空高く雲の中に飛んで行きました。

「前方に何が見えるか、勇者よ？」

「太陽が見える」

「あれは太陽ではない、とても美しく、とても生き生きと輝いている乙女です。兄弟よ、私の言うことを聞きなさい。私には呪いがかかっていて、彼女に近づくことも、見ることもできない。私の言う通りにしなさい。一人で行きなさい、でも彼女の手を摑まないように。さもないと手袋だけしか手に入らない。足も摑まないように。さもないと靴しか手に入らない。しっかり腰を摑むのです。ただ、彼女のゆり籠にだけは触らぬよう用心しなさい。さもないとあなたは死んでしまうでしょう」

「分かった」暁の王子はそう言い、先を急ぎました。

彼はしばらく歩き、とうとう美しい乙女の宮殿までやって来ました。彼は大胆に彼女に近づくと、彼女の腰を摑まえました。

しかし、乙女のゆり籠を見たとき、彼はそれが乙女より、七倍も美しいことを知りました。王子はブラックアラブの言ったことを忘れ、ゆり籠も手にして、その場を去ろうとしました。彼が歩くたびに、ゆり籠から宝石や金の粒が零れ落ちました。それらは地面に触れるや否や、花々に変わり、どの花からも鐘が跳び出し、人々の耳をつんざくような、大きな音を鳴り響かせました。

その音で、地下に住む〝悪魔〟が目を覚まし、暁の王子の目の前に立ちはだかりました。

「どうしてお前は、あの娘を摑まえようとするのだ？」

「なぜ私が彼女を摑まえてはいけないのだ？　彼女は私から、金のリンゴを盗んだのだ」

「ふむ、若者よ」悪魔が言いました、「お前が地下世界に住む私の兄弟から、私の馬たちを取り戻してくれるまで、娘をお前にくれてやるわけにはいかない。馬を連れ戻したら、娘を与えよう。それができなければ、ここから消え失せろ」

暁の王子はブラックアラブのところに戻り、彼に言いました。

「兄弟よ、私は間違いを犯してしまった。うまくないことになりそうだ」

「そうだろう、お前さんは私の忠告を聞かないから」

「どうしたら良いだろう？」

「悪魔の馬を取り戻しに行こう。さあ、乗って、出発だ」

暁の王子は彼に跨り、帝国の国境を越え、砂漠や人の住まぬ土地をいくつも横切り、そうしてある日、幾重にも葉の編み込まれた、絹のように柔らかな草地の谷にやって来ました。谷の真ん中には、幹が三つに分かれた大きな木がありました。外側の二本の幹の枝には緑の葉が茂っていましたが、真ん中の幹の枝は樹皮も剥がれ、枯れていました。

「あの木を見たかな？」ブラックアラブが尋ねました。

「見た」

「それでは、真ん中の木が枯れているのはなぜか、言ってごらん」

「水気がないから枯れてしまったか、それとも何か他の理由があるのだろう」

「それは正しくない」

「では、どういう理由か教えてくれ」

「他の二つの幹が緑なのはなぜか？」

「健康だから、それが二つの幹が緑である理由だ」

「それも正しくない！　緑の二つの幹は、地下の放牧地の上に生えていて緑だが、真ん中の幹は、厩舎の飼い葉桶の上にあるので枯れている。木から何枚か葉を取っておくれ」

暁の王子は体を伸ばし、木から葉を引きちぎろうとしましたが、できませんでした。地下にいる馬たちのたてがみが葉の間を縫って伸び、枝に巻きついていたのでした。

「でも、一体馬はどこにいるのだ？」

「地面の下だ。馬たちの厩舎は木の根の先の方にある」

暁の王子は幹を摑み、木を抜こうとしましたが、足が地面にずぶずぶ沈むばかりでした。ブラックアラブも抜こうとしましたが、やはり彼の足も沈んでしまうのでした。

「一緒に引っ張ろう、兄弟よ」。二人はそれぞれ緑の二本の幹に手をかけて、一緒に引き抜こうとした時でした。根のまわりのたくさんの土や石も一緒に引っ張り出してしまったので、今でも見ることができるように、モルドヴァの国のいたる所が丘や岩でいっぱいになってしまいました。

木を抜いた後、ブラックアラブは暁の王子に言いました。

「さあ、地下に下りて行きなさい。怖がらずに下りなさい。もし馬のいななきや、蹄の蹴る音が聞こえても怖がらないように。なぜなら、馬たちは誰かがやって来て、外に出してくれるのを待っている、待ち焦がれて騒いでいるのだから。地面の底まで行ったら、すぐ二頭の馬のたてがみを摑み、引っ張り上げなさい。でも決して馬のくつわと鞍には触らないように。さもないと大きな災難が降りかかるよ」

「あなたの言ったとおりにしよう、兄弟よ」

暁の王子が下へ降りて行くと、何頭かの馬がいななき、雷鳴のような蹄を打ち鳴らす音が聞こえてきました。しかし勇敢な若者は、勇を奮って進んで行き、そこで誰もこれまで見たこともない、信じがたいほど美しい二頭の力強い馬を見たのでした。馬の傍にはくつわと鞍がおいてありました。それらは純金と純銀で、美しく装飾されていましたので、王子はたちまち虜になってしまいました。

「どうしてこのような素晴らしいくつわと鞍を残して行けようか」王子はそう独り言を言い、馬にそれらの馬具を取り付け始めました。

すると、金と銀の装飾が揺れはじめ、鈴のような音を響かせました。その音色は地下世界の〝タタール王子〟を目覚めさせてしまいました。タタールは若者を目に止めると、素早く若者の首根っこを摑まえました。

「お前は一体どのようにして、私の厩舎に侵入したのか。なぜ私の木を引き抜いたのか？」

タタールは怒りのあまり、気持ちを鎮める間もなく、暁の王子を呑み込み、まるまる一週間自分の体の中に閉じ込めました。七日目の終わりに暁の王子を吐き出すと、タタールは尋ねました。

「気分はどうだ？」

「悪くない。生きていて、良かった」

「私も、そう思う。お前にやって貰いたい仕事が出てきたからね。私は、〝イリャーナ・コスンズィアーナ（Ilyana Kosinzyyana：モルドヴァ及び近隣諸国の物語に登場するプリンセスあるいは素敵な女性）〃を花嫁にしたいと願ってきたが、今に至るまで叶わなかった。もしお前が彼女を私のもとに連れて来てくれるのなら、くつわと鞍を添えて馬をやり、広い世界に再び出られるよう自由にしてやろう」

暁の王子はこれを引き受けると、地上に戻りブラックアラブに再会しました。

「またしても。お前さんは私の注意を聞かなくなったな」

「確かに、兄弟よ」

「まあ、気にするな」ブラックアラブは暁の王子に胸を合わせながら言い、王子が生きていたことを喜びキスしました。

「タタールは、イリャーナ・コスンズィアーナなしで彼の王国に戻ってはならないと言っていた」

「それでは、私に誇りなさい、出発しよう。この先にもまだまだたくさんの困難や、めんどうが待ち構えているからね」

「できないよ、兄弟アラブよ。私は力を使い尽くしたよ」王子はこたえ、むせび泣き始めました。ブラックアラブが見ると、暁の王子は弱々しく、深い悲しみに沈んでいました。ブラックアラブは剣を抜くと自分の左腕の血管を切り、その血液を王子に含ませました。

「今の気分はどうかな？」

「前よりも力が湧いてきたようだ」

「では、私に乗りなさい、出発しよう」


暁の王子は、イリャーナ・コスンズィアーナの王国の国境へ辿り着くまで、とても長いことブラックアラブに跨ってやって来ました。

「我が兄弟、暁の王子よ、片足を一歩、国境の向こうに踏み込んでごらん」

暁の王子が国境を一歩越えると、王子の足は地面にめり込んでしまいました。

「何も支えがなければ、もうそれ以上進まない方が良い。さもないとすべてが失われてしまうからね。今度こそ、お前さんの考えるようにではなく、私が言う通りになさい。ちゃんとした道を作って、進むことにしよう」

ブラックアラブは山々に登り、岩を見つけると腕いっぱい抱えて国境まで戻り、二人して、イリャーナ・コスンズィアーナの宮殿まで続く道に、石を敷き詰めました。

「さあ、これでお前さんは行ける。私も一緒に行きたいところだが、私には呪いがかかっていて、彼女の宮殿に足を踏み入れることができない。お前さんはすべてを、自分自身でやらなければばならないよ。私が言う通りするよう注意すること、私の忠告を守ること、さもないと私たちは、再び大きな災難に巻き込まれるよ」

「あなたが言った通りにするよ、兄弟よ」

「お前さんが国境を越えると、十二人の乙女が十二の楽隊を連れ、演奏しているのに出会うだろう。彼女らはお前さんの気に入るよう、あの手この手で誘惑してくるだろう。彼女らを見るような素振りを見せず、先へ進みなさい。宮殿に近づくと、金で縁取られたスカーフが目に入るだろう。でもそれに触れてはならない。さもないとスカーフは嵐を巻き起こし、護衛兵を目覚めさせてしまう。勇敢な若者がそうするように、宮殿に真っすぐ進み、イリャーナ・コスンズィアーナが眠っている間に、彼女の手を摑みなさい。彼女は目覚めれば、どこであろうと、お前さんが告げるところに一緒に行くだろう。さあ、行って、私が話した通りにしなさい」

暁の王子が石の道を行くと、十二人の乙女と十二の楽隊が演奏しながら、彼の目の前に現れました。彼らは全員、頭から足まで、輝く宝石とダイヤモンドで飾られていましたが、それらは、王子がこれまで見た何よりも美しいものでした。暁の王子はそれらを目にすると、あまりに心奪われて、自分がどこへ行こうとしていたのか忘れそうになりました。しかし、若い勇者は冷静さを失いませんでした。彼は、乙女たちには気付きもしなかったかのように、真っすぐ進んで行きました。行く手に、金で刺繍された美しいスカーフが落ちているのを目にしましたが、これにも構わず進んで行きました。王子はさらに先へ進んで、宮殿に入ると、イリャーナ・コスンズィアーナの手を取りました。

彼女が目を覚ますと、二人はすぐ宴会場へ行き、三カ月の間、ご馳走のテーブルに座り、陽気に楽しみました。

ブラックアラブは、三カ月というもの、待ちに待ちましたが、暁の王子が現れないので、大地が大揺れするほどの、くしゃみをしました。暁の王子が、血を分けた兄弟ブラックアラブのことを思い出したのは、ようやくこの時でした。

「どうされましたか?」周りにいた付き人が、王子に尋ねました。

「私の兄弟アラブが私を待っている」彼は立ち上がり、宴会場を後にしました。イリャーナ・コスンズィアーナも彼の後を追いました。

王子がブラックアラブのところにやって来ると、彼は王子を叱責しました。

「お前さんは三カ月も前に出かけたが、その間ご馳走を食べ、陽気に騒ぎ続け、私のことはまったく思い出しもしなかった」

「あのように美しく、高価なものを残していくことが、残念でならなかったのだ」

ブラックアラブは、手を振りかざすと、庭と宮殿を一つの金のリンゴに変えてしまい、イリャーナ・コスンズィアーナがそれを自分の懐に納めました。

　それから彼らは共に出発しましたが、イリャーナ・コスンズィアーナは、二人が彼女をタタール王子のところに連れて行くことにしていると聞き、血の涙を流し嘆き始めました。

「暁の王子」彼女は懇願しました。「私は、地下で朽ちていく心構えなどできていません。まだ、こちらの美しい世界で暮らしていたいのです」

「だめだ、だめだ、あなたを待っている人のところに行かねばならぬ。それから逃れる道はない」

　タタール王国に辿り着くと、暁の王子は呼びかけました。

「出てこい、地下世界の王子、あなたの欲しがっていたものを連れてきた」

　タタールは大いに喜び、イリャーナ・コスンズィアーナを手にすると、暁の王子にくつわと鞍を取り付けた馬たちを与えました。暁の王子は馬を受け取り、その内の一頭に跨り、出発しました。タタールは、美しい乙女を自分の城に閉じ込めると、友人や縁者を集め、盛大な結婚の祝宴を挙げる準備をするため、地下世界を走り回りました。

　ブラックアラブは、美しい乙女が何を切望しているのか知っていましたので、王子の行く手に橋を架けてやりながら、彼が橋を渡ろうとするのを押し留めました。

「待ちなさい、王子！」

「どうしたのだ？」

「お前さんが乗っている馬は橋を渡れるが、他の一頭は先へは進めない」

「なぜだ？」

「誰も騎乗していないから」

「では、誰が騎乗すれば良いのか？」

「イリャーナ・コスンズィアーナが良いのでは」

暁の王子は直ちに馬たちを引き返すと、タタールが留守であるのを見て、城に忍び入り、イリャーナ・コスンズィアーナを取り戻し、馬に乗せ、三人は橋を渡って出発しました。

タタールが城に戻った時には、彼らはまだそれほど先へ行っていませんでした。タタールは、イリャーナ・コスンズィアーナがいなくなったと知って怒り狂い、暁の王子を懲らしめようと、九十九の雲、九十九の嵐、九十九の雷電をかき集め、追いかけました。ブラックアラブは、タタールが追いかけて来るのを察知すると、とても深く息を吸い、タタールも、嵐もなにもかも、呑み込んでしまいました。空はたちまち晴れ渡り、大地は静かになり、三人は元気に旅をしました。

白い鳥の王国の国境までやって来たとき、暁の王子は手綱を引いて、タタールから取り返した馬たちを悪魔に引き渡しに行きました。悪魔の中庭までやって来ると、彼は門をたたきました。

「地下から出てこい、悪魔、約束したものをあなたに渡したい」

悪魔は出てくると、暁の王子に籠に入った白い鳥を渡しました。それから悪魔は、馬の手綱を取るとその場を後にし、馬上で自分の姿が荘厳に見えるよう、馬に鎖帷子《かたびら》を着せようと、地下深く戻って行きました。

暁の王子が白い鳥を携え、出発しようとした時でした。鳥籠から乙女の声が聞こえてきました。

「あなたのような若い勇者が、ずっと歩かねばならないなんて、とても不名誉なこと」

暁の王子は、馬たちを手渡してしまったことを、後悔していたところに、乙女からそう言われたので、引き返し、隙を見て馬たちの手綱を解いて騎乗すると、全速力で走って逃げました。

しかし、国境に近づいたところで、王子は、地面から天まで届かんばかりの火柱が、自分の背後に迫ってきているのに気付きました。ブラックアラブはそれが悪魔だということを知っていて、呑み込んでいた雨や嵐を勢いよく吐き出しました。火柱はあっという間に消されて、跡形もなくなりました。悪魔が死んでしまうと、白い鳥は美しい乙女に姿を変えました。ブラックアラブは、乙女の王国に手をかざすと、宮殿と庭園を金のリンゴに変え、リンゴは妖精のような乙女の懐に納まりました。

暁の王子は美しい妖精と、ブラックアラブはイリャーナ・コスンズィアーナとともに、四人の誰もが、とても嬉しく幸せに馬に揺られて行きました。

彼らは静かに揺られゆられて、一つの道は右へ、他は左へ向かう分かれ道にやって来ました。

「私は、自分の王国へ行く左の道を行かねばならない」ブラックアラブが言いました。

「私も、自分の王国に帰るために、右の道を進まねばならない」暁の王子がこたえました。

「ここでお別れだ！　我々は兄弟として出逢い、兄弟として別れる。お前さんの幸せを祈っている！」

「さよなら、兄弟、成功を祈る。あなたと一緒でなかったら、私の肉はカラスに食われ、骨は狼に食べられていただろう」

「また私が必要になったら、大声で叫んでくれ。すぐに駆け付ける」

二人は互いに抱擁し、互いに頬にキスを交わし、互いの幸運を祈り別れました。

ブラックアラブは左の道を行き、イリャーナ・コスンズィアーナが金のリンゴを東へ投げると、それは純金の宮殿になりました。暁の王子は右の道を行きました。美しい妖精が持っていたリンゴを西に投げると、たちまち銀の宮殿が現れました。このようにして、一人は東の王国を治め、他は西の王国を治めました。金のリンゴをつける大きな木は、二つの国境の上にありましたが、その時から毎年、枝々から実った金のリンゴが落ちるのでした。

その後、彼らは素晴らしい結婚の祝宴を上げました。こうしてお話ししている私もその場にいましたよ。だからどんなことがあったのか、私は知っているのです。私が聞いた通りに、お話ししたのです。

第二話　宵の明星と明けの明星

ずっと昔のこと、息子を持つ王様がありました。息子はいたずら者で、愚かでしたので、次に何が起こるか、先のことが分かりませんでした。ある日、彼は宮殿の門に行き、石弓で石を放ちました。ちょうどその時、水差しを持った老婆が通り過ぎようとしていました。少年の石は、真っすぐ水差しに命中しました。水差しは粉々に壊れ、水が溢れ出すと、老婆は王子を振り返り、言いました。

「お前は、不滅の王国を見つけるまで、ありとあらゆる地をさ迷い、平穏を得ることはできない。仮に見つけることができても、そこに安らぎや休息はない。そう思い知らされるであろう」

少年は城に戻りました。そして三日の間、何をどうすれば良いのか迷い、とても悲しくなり、不滅の王国を見つけるため、広い世界に出て行きたいと思いました。彼は、何日間かあれこれ考え、思案を巡らし、城を出て行こうと、ある朝、いくらかのお金と、着替えの服と、剣と従者を一人くれるよう、王様に頼みました。誰も彼を止めることはできず、王の息子は出発して行きました。

少年は、一つの道を行き、それから別の道を行き、こちらで一つの村を通り過ぎ、あちらでまた村を通り過ぎ、こちらで一つの町を通り過ぎ、あちらでまた町を通り過ぎ、とうとう隠遁者の住む小屋までやって来ました。彼が扉を叩くと、隠遁者が顔を出し、少年に尋ねました。

「お前さんは、何を探しているのかね、若者よ?」

「私は、不滅の王国を探しています」

隠遁者は驚きました。

「そのような王国、わしは見たことも、聞いたこともない」

少年は途方にくれました。

「私は、どうしたら良いでしょうか? 引き返すわけにはいかないのです」

そこで、隠遁者は助言しました。

「この暗い深い森を行きなさい。お前はたくさんの野生の獣たちに出会うが、彼らとすれ違う時、その一つひとつに挨拶の言葉をかけなさい。そうすれば、お前さんは宮殿に辿り着き、そこで城門に頭を横たえた龍を見るだろう。龍にも挨拶をしなさい。そうすれば龍は喜んで、頭を城門から外し、お前さんを中に入れてくれるだろう。そこから先どこへ行ったら良いか、そこで分かるはずだ」

王の息子は、言われた通りにしました。森の中では、出会ったすべての獣、すべての鳥、すべての虫に挨拶をし、ようやく宮殿にやって来ました。龍が、城門に頭を乗せて、宮殿の前に横たわっていました。王の息子は頭を下げ、言いました。

「こんにちは、金の鱗の勇猛な龍さん」

龍は大いに喜んで、頭を脇に外して、言いました。

「もしお前が、挨拶をしなかったら、俺はお前をこの場で殺していただろう」

王子は城門を入り、こたえました。

「もし、あなたが私を襲ってきたら、私はあなたを細切れ肉にしていたでしょう」

王の息子は宮殿に入り、そこでこの世界と同じほど年老いた老王に会いました。

「どういう風の吹き回しで、お前さんはここへ来たのかね、勇敢な若者よ」

「私は、不滅の王国を探しているのです」

「それは、ずっと遠くじゃや、若者よ、まったくはるか遠くじゃや。そこへはこれまで誰も行ったことがないし、誰もそこへの道を知らない。だが、お前さんは、わしのすべての生き物たちに挨拶の言葉をかけてくれたので、この黄金の糸玉を与えよう。それが行く先を示してくれよう。糸玉がどこへ転がって行こうと、ただ後をついて行きなさい」

王子は老王に別れを告げると、糸玉を地面に投げました。糸玉は転がり始め、丘を越え、谷を越え、平原を越え、砂漠を越えて行きました。糸玉が転がるにつれ、うしろには蜘蛛の巣のように、細い金の糸が残りました。そういうわけで、王子は長いこと歩き、ようやくカシの木のところまでやって来ると、休息を取ろうと立ち止まりました。

若者は、木陰に腰をおろしましたが、たまたまドングリが、殻を破り若芽を出そうとしているその上に、座ってしまいました。ドングリは、押し潰されそうになりながら、尋ねました。

「あなたは誰ですか、若者よ。どこへ行こうとしているのですか？」

「私は王の息子だ。不滅の王国へ行き、そこで永久に暮らすつもりだ」

「ああ、私の上に座らないで。ちょうど若芽を出したところですし、私は小さくて弱いので、押し潰されてしまいます。私が育つのを邪魔しないでください。もしあなたがお望みなら、私が大きく強い木に成長するまで、ここで私と一緒に暮らしましょう。私が枯れるほど長生きし、ついに倒れ、つばめが私の埃を浴びる時、あなたもここで終わりを迎えてはどうでしょう」

王の息子は立ち上がり、ドングリが大きくなるよう土を覆い、別れを告げ、先へ進んで行きました。

若者はまた長いこと歩き、たわわに実った葡萄の木のところまでやって来ました。彼は休息を取ろうと足を止め、ひと房の葡萄をむしると食べ始めました。彼が食べ終えたところで、葡萄の木が尋ねました。

「あなたはどこへ行こうとしているのかね、若者よ?」

「私は、不滅の国へ生き、そこで永久に暮らすつもりです」

すると葡萄の木が言いました。

「葡萄の種を一つ地面に埋めなさい。そうすれば、それは成長して、葡萄の実を付けるでしょう。もしあなたがこの地に留まりたいと望むなら、葡萄の木が大きくなって、その根が地面の下で、それ以上伸びようがないほど伸び、またその葉が太陽の下で、それ以上茂りようがないほど茂るまで、あなたは生きるでしょう。あなたは、ここに留まる限り、ワインを飲み、葡萄を食べることができます」

若者は、葡萄の種を地面に埋め、言いました。

「ありがとう、葡萄の木よ、あなたに良いことがありますよう。大きくなって、たくさんの実を付けますよう。私は、もっと先へ行ってみます」

「健康と幸運を祈ります」

王様の息子は、先へ進んで行きました。すぐに彼は、傷ついた鷲を見つけ、それを射ようと弓を引きましたが、鷲が言いました。

「撃たないでください、若者よ、私を殺さないで。私の傷を治し、看病していただければ、私はあなたの大きな助けとなりましょう。あなたがいかなる困難に陥ろうとも、私のことを考えるだけで、私はあなたのもとへ、すぐに飛んで駆け付けましょう」

王の息子は、できる限り鷲を看病し、傷の手当てをし、餌を与え、そして先へ歩を進めて行きました。

その後まもなく、彼は海にやって来ました。海岸を歩きながら、眩しく輝く白い何ものかが目にとまりました。

「一体、あれは何だろう?」彼は思いました。「何とも不思議なものだ」

彼は、海に足を踏み入れ近づきましたが、そこで何を見たでしょう。波が沖へ引き返してみると、そこには魚の王様が、熱い砂に横たわり、日光に身を晒しているのでした。その長さは男の足で十二歩ほど、高さも男と同じほどあり、銀のヒレと金の鱗を持っていました。誰も今まで、このような不思議なものを見たことはありません。王子は彼に近づき、言いました。

「ああ、この魚で、とても美味しい豪華な食事を作ろう」

魚はこれを聞いてこたえました。

「おお、若者よ。もしあなたが私を食べてしまえば、何一つ得るものがありません。私を深い海に連れて行き、自由にしてください。あなたが私を必要とする時にはいつでも、私のことを思い出していただければ、私は直ちにお仕えに参じます」

若者は、長い棒を見つけ、魚の王様を、少しずつ、少しずつ動かし、深い海に続く瀬までやって来て、魚を海に帰してやりました。

それから王子は、先へ先へと歩いて行きました。何人かの領主とその城を通り過ぎ、いくつかの市場ややくざ者をやり過ごし、最後に、猟犬たちに追いかけられている狐に遭遇しました。狐は体中を噛まれて、息絶え絶えでした。王子は弓を引き、狐を射ようとしましたが、狐が言いました。

「立派な若者よ、私を殺さないでください。猟犬から私を救い、私の傷を治してください。そうすれば、いつかあなたをお助けしましょう」

王の息子は、猟犬を追い払い、狐を保護し、狐がもと通り元気になるまで、面倒をみてやりました。そうして狐を放してやりました。別れる時、狐が言いました。

「ありがとう、王子、あなたのお陰で、私は猟犬に粉々に引き裂かれずにすみました。もしあなたに困ったことが起きたら、私のことを思い出してください。すぐに駆け付けましょう」

王の息子は、また先へ進んで行きました。彼が遠くへ行けば行くほど、金の糸玉はほどけて小さくなって行きました。彼は歩きに歩いて、二本の幹をもつ楡の木までやって来ました。その幹の間にはクモの巣がありましたが、そこで一匹の蚊がもがいていました。蚊は、王の息子を見ると、泣き始めました。

「立派な若者よ、私を助けてください。そうすれば、いつか私はあなたをお助けしましょう。私は、あなたがどこへ行こうとしているのか、知っています。不滅の王国へ行くのでしょう。私を助けていただいて、後になって後悔することはありません」

王子は、この言葉を聞くと足を止め、クモの巣から蚊を助け出し、介抱してから、放してやりました。

「ありがとう、旅人よ。ご親切に感謝します。もしあなたに困ったことが起きたら、私のことを思い出してください。あなたを助けに飛んできます。さあ、お行きなさい、幸運はあなたとともにあります。遠からず、あなたは宮殿に着くでしょう。そこへ着いたら、真っすぐ王に会いに行き、王の下の娘を嫁にくれるよう頼みなさい。彼女と結婚できなければ、あなたは不滅の王国を治めることはできません」

王の息子は、金の糸玉がリンゴほど小さくなり、それから木の実ほど小さくなり、豆粒ほど小さくなるまで、はるか遠くへ行き、そこで二つの塔を備えた、金で覆われた宮殿を目にしました。それは疑いもなく、世界で最も美しい宮殿でした。王子は、真っすぐ宮殿に進み、門を叩きました。

宮殿の王は、警備兵を差し向け、訪ねてきたのは誰か、何のために来たのか、どこから来てどこへ行くのかを尋ねさせました。王子は、すべてを話し、尋ねられたことすべてにこたえました。すると、王自身が門までやって来たので、勇敢な若者は王に言いました。

「殿下、私は、あなたの下の娘さんと結婚させてくれるよう、お願いに参りました。私は、花婿として、そしてあなたの娘さんを私の花嫁として、祝いのテーブルに共に座りたいのです。私の申し出を受けていただけるでしょうか」

「良いだろう、娘をそなたの嫁として与えよう。もし、そなたが誰にも見つかぬよう、身を隠すことができるなら」王は言いました、「この門から先は不滅の王国なのだから、そうなれば、ご馳走を用意し結婚を祝い、お前はここに永遠に住むことになろう」

哀れな若者は、どう隠れれば良いのか、どうすれば良いのか分からず、どうしようもないので、とても悲しくなりました。彼は考え込んでいましたが、突然、鷲のことを思い出しました。王子が瞬きする間もなく、傍らに鷲が現れました。

「何をそんなに悲しんでいるのですか、ご主人様？」

「それが、このような困難に陥っていて……」と、王子は王の命令のことを話しました。

「そういうことなら、心配しないでください」鷲は、王子を摑むと、空高く舞い上がり、九重の雲の陰に王子を隠しました。

王には三人の娘がいて、皆良く似ていました。同じような顔立ち、同じような髪、同じような服、同じような靴を持っていました。王は剣を携え、一番上の娘と宮殿から出てくると、王子の隠れている場所を見つけるよう、できなければその首を刎《は》ねるだろうと、娘に言いました。娘は、バスケットいっぱいのマリーゴールドを摘み取ると、父王とともに、王子を探しに出かけました。

娘は、大地を見渡しましたが、彼はいませんでした。海も見渡しましたが、いませんでした。それから彼女は空の高みに目をやり、そこで王子を見つけ、言いました。

「雲の陰から下りてきなさい、私にはあなたが見えていますよ」

次の瞬間、鷲が雲の陰から、王子とともに舞い降りて来ました。王は彼を見て、言いました。

「さて、今ここで、そなたの首を刎《は》ねようぞ」

しかし、若い娘はこの勇敢な若者のために、立ち上がって言いました。

「殿下、一度目の失敗です、許してやってください」

そこで、王は彼を許しました。「覚えておくが良い、もしわしの真ん中の娘も、そなたを見つ

けたら、わしはそなたの首を刎ねるであろう」

王は、真ん中の娘を連れに宮殿に入って行きましたが、この哀れな若者は、どうしたら良いか分からず、座り込んでいました。

王子は座りながら、この困難から抜け出す方法を考えている時、魚の王のことを思い出しました。彼のことを頭に浮かべていると、海がたちまち宮殿の壁に打ち寄せ、魚の王が水から跳ね上がって、姿を現しました。

「どのような困難に巻き込まれたのでしょうか、ご主人様？」

「私は、大きな危難に晒されている」そして、王が彼の首を刎ねると脅していることを、彼に告げました。

「そういうことなら、心安らかにいてください。私は、海の底に、いくつかの隠れ場所を知っています」魚の王は、王子を一粒のトウモロコシの粒のように口に入れると、海深くに潜って行きました。

王は、真ん中の娘を連れて宮殿から出てくると、剣を抜き言いました。

「王子がどこに隠れているか、探し出せ。さもなければ、そなたは自らの人生を失うであろう」

王の娘は、何本かのマリーゴールドを引き抜き、バスケットに入れると、王子を探しに出かけました。彼女は大地のすべてを探しましたが、見つけることはできませんでした。それから、太陽の後ろ、月の後ろまで、空高くを探しましたが、彼はいませんでした。最後に、海の底を見ると、そこで彼女は王子の姿を見つけました。王は、彼に声をかけました。

「出てくるが良い、若者よ、わしの娘がそなたを見つけたのだ」

魚の王が、王子を岸辺まで連れてくると、王は王子を見て言いました。

「こんどこそ、そなたの首を刎ねねばならぬ」

しかし、王の真ん中の娘が飛び上がって、言いました。

「彼を許してやってください、二度目の失敗なので。でも、もし三度も見つけられるようなことになったら、そのときは首を刎ねてください」

「良かろう」王は言いました、「二度目も許そう、娘のために。しかし三度見つけられたら、そなたが緑の草の上を歩くことは二度とないであろう」

今度こそ、王子は本当に困ってしまいました。彼はとても怯えていたので、胸の中で心臓が、ドキドキ、ドキドキと鳴っていました。

「王は私の首を刎ねるだろう、そうなれば私はおしまいだ。王の一番若い娘に見つからないようにするには、どうしたら良いだろう？　誰か、私を助けてくれるだろうか」

彼は嘆きながら、狐のことを思い出しました。その瞬間、狐が彼の目の前に現れました。

「何を嘆いておられるのですか、ご主人様？」

「まあ、何が起こったのか、聞いてくれ……」

「落ち着いて。嘆かないで、そんなことのために悲しまないでください。悲観する必要はありません。そういうことなら、私に付いて来てください。どうすれば良いか、私が知っています」

狐は先へ進み、王子は後を追い、花園までやって来ました。そこで狐が振り返り、その尾で王子を叩くと、王子は美しいマリーゴールドに姿を変えました。

王の一番下の娘がやって来て、花園に入ると、まさにその花が気に入りましたので、摘み取り、バスケットに入れました。そこへ王が、剣を手に携えて宮殿から出てくると、下の娘を呼び、王子を探すよう命じ、もし見つけられなければ、彼女の首を刎ねると告げました。

王女は大地を見渡しましたが、王子はいませんでした。海も見ましたが、そこにも王子はいませんでした。そこで彼女は空を探しましたが、見つけられませんでした。彼女はもう一度、大地と海と空を隈なく、星々の間まで、さらにその先まで見ましたが、王子の姿はどこにもありませんでした。すると、王が言いました。

「良く探すがよい。そなたは王子を隠しているのではないか」

王女がこたえました。

「私は、余すところなく探しましたが、どこにも彼はいませんでした。彼の幻のようなものは見えたのですが、彼ではありませんでした」

王は、打つ手がなくなって、叫びました。

「勇敢な若者よ、どこであろうと、今いるところから出てきなさい。私の娘は、そなたを見つけることができなかった」

王子は、若い娘のバスケットから飛び出すと、言いました。

「私はここです、殿下」

「よろしい、若者よ。そなたが勇気ある者であることは分かった」

王は楽団を呼び、少年には中庭に来るよう言い、よく似た三人の娘から一番下の娘を選ぶよう命じました。もし王子が正しく選んだら、すぐにでも彼は彼女と結婚できますが、そうでなければ彼の首は刎ねられてしまうのです。


王子は、すべての困難から脱したと考えていましたが、これまでのすべての困難を一緒にしたより大きい問題が襲ってきたのです。彼は泣き始め、目が赤くなるまで涙を流しました。

「これで、おしまいだ。王は、こんどこそ間違いなく、私の首を刎ねるだろう」

しかしそのとき、王子は蚊のことを思い出しました。彼が蚊のことを考えた瞬間、蚊が王子のもとに飛んで来ました。

「そのような大声で泣くなんて、どんな困難に陥ったのですか、ご主人様？」

「か弱いお前に何ができようか。私はすべての困難から脱することができたと思ったが、王は、今、私の首を刎ねようとしている。いかにして、そっくりな王の娘たちの一人を言い当てることができようか」

「心配しないでください、ご主人様、もう悩まないでください。私には分かります、私は彼女らと一緒に育ちましたので、誰が年長で、誰が若いか、見分けることができます。王が彼女らを外に連れてきたら、私は一番下の娘の鼻に止まります。王子はその娘を選んでください」

王の三人の娘たちが出てきましたが、皆、同じ目、同じ顔、同じ身長で、同じ服を着ていました。誰が誰か、言い当てるのはほとんど不可能でした。しかし、蚊は、藪の上を一飛びし、それから少女たちの一人の鼻に止まりました。少女は、蚊を振り払おうと手を上げましたが、王子はその手を摑んで言いました。

「こちらがあなたの一番下の娘です、殿下」

王はこたえました。

「そなたの言う通り、彼女は間違いなく、一番下の娘である」

この若い娘は、朝日のように、ほころんだばかりのスウィートバジルの花のように、端正で綺麗でした。王は大いに満足し、花婿を宮殿に招き入れ、食卓の上席に座らせると、言いました。

「そなたに私の一番下の娘を与えよう、また私の王国のすべてを与えよう。今日より、そなたは私たちとともに暮らすが良い。そなたは死を知らず、永遠に生きるであろう。行って、この王国のすべてを旅してくるが良い。ただし、そなたが入ってきた門から外には決して出ぬよう、覚えておくように。さもなくば、そなたにとって最悪なことになろう」

王子は外に出て、黄金の庭園、たわわに実った果実が地面にまで枝が垂れ下がった木々、高価な宝石で飾られた金や銀の建物、大理石で作られた井戸と銀のコップ、ミルクと蜂蜜が流れ溢れる川、歌うたう様々の鳥たちの憩う木立、花々の咲く芝生、真珠のような雫を湛えた青草など、これまで見たこともない、こうしたものを目にしました。

まだまだ興味を引くものはたくさんありましたが、結婚の祝宴が始まり、人々が大いにご馳走を食べ酒を飲み、大騒ぎとなったので、それらすべてを伝えることはできません。この王国では、太陽は決して昇らず、決して沈まず、いつでも中天にありましたので、祝宴がどれほど長く続いたのか、誰にも分かりません。

結婚の祝宴の後、王子は天国にでもいるかのように、過ごしました。ある日、彼は猟に出かけましたが、弓で矢を射ったところ、矢は宮殿の門を越えて外に飛んで行ってしまいました。彼は、矢がどこへ飛んで行ったか見ていましたので、王の忠告を忘れ、それを取り戻しに行きました。彼は、かんぬきを外し、門を開けましたが、何が起こるか考えもしませんでした。

しかしそこで、王子は、彼の糸玉の輝く金の糸を見て、突然、自分の故郷、そして父と母のことを思い出しました。彼は父母に会いたいと切に願い、しばらく思案した後、そうしようと決心しました。

「私は、すべてをここに残し、私の父母がどのように暮らしているか、見に帰ろうと思います」

年老いた王が、彼に言いました。

「行くことはならぬ、私の息子よ。その必要はない。余りに長い時間が過ぎた、誰ももう生きておらぬ、そなたの両親も、その孫たちも」

しかし、勇敢な若者は信じませんでした。彼は出かける準備をしました。彼は武器を身に付け、王に頭を下げ、妻にキスをすると出発しました。王と彼の下の娘は、深い悲しみの内に残されました。

王子は、出発し、金の糸の後を追いました。彼は歩きに歩いて、葡萄の木のところまでやって来ましたが、それは丘一面に広がっていて、その端を見ることも、こちら側から向こう側を見ることもできませんでした。葡萄の木は、王子に気が付くと言いました。

「足を止め、休息をお取りなさい、勇敢な若者よ」

王子はこたえました。

「お誘いはありがたいが、家路を急がねばならない」

彼は、もうしばらく歩き、古いカシの木のところまでやって来ました。カシの木も王子に気が付きました。

「しばらく足を止め、私の陰で休息なさい、勇敢な若者よ。あなたはここを通り過ぎるとき、私に大変良くしてくれました。私は、あなたが土を覆ってくれたドングリから大きくなったのです」

王の息子は驚き、それほどの時間が経ってしまったことが信じられませんでした。彼は、カシの木に礼を述べると、そこを通り過ぎて行きました。さらに進み、金の糸玉を受け取った宮殿に来ましたが、そこでとても年老いて、干上がった龍を目にしました。彼が挨拶をすると、龍は喜んで城門から頭を外して、言いました。

「親愛なる友人よ、私はお前さんを食べようとしたが、お前さんが、挨拶をしてくれたので、そうしなかった」

王子は宮殿に入り、この宮殿の老王を目にしました。以前に会ったときから、余りに多くの時間が経ち、彼の髭はあまりに伸びていたので、彼は眠る時、その半分を自分に覆い、後の半分を下にして、身を横たえるのでした。老人は、杖で自分の目蓋を押し上げながら、勇敢な若者を見て、言いました。

「もしまた、この道を戻って来るなら、必ず立ち寄りなさい」

王子は、老王に別れを告げ、今やもう、さほど遠くない故郷に向け、出発しました。彼は、隠遁者が以前住んでいた小屋までやって来ましたが、狼たちに襲われたのか、そこは藪で覆われているばかりで、心配になりました。辺りには、隠遁者と彼の小屋の痕跡は何もありませんでした。

王の息子はとても悲嘆にくれ、戻りかけましたが、立ち止まらずに歩き続け、とうとう故郷に辿り着きました。彼は、一方から向こうを眺めましたが、何もありませんでした。彼は、廃墟の瓦礫から、両親の宮殿があった場所を推測することしかできませんでした。窪みに小さな小屋がありました。王子は、目の当りにした光景がどういうことか尋ねようと、そこへ行きました。その小屋には、三百歳の老人が住んでいました。老人は、かつて先祖から、そこに王の宮殿があり、王には息子が一人いたが、死のない生涯、老いることのない若さを求め、不滅の王国で永遠に暮らすため、広い世界に旅だったと聞いたことがある、またその後、疫病が襲い、誰もが、動物も鳥も死に絶えたと話しました。

王の息子は深く悲しみ、不滅の王国の王の言葉を思い出し、引き返すことにしました。父王の宮殿の城門のあったところまでやって来ると、彼は粘土が山になっているのを見ました。王子が歩を進めながら、足でそれを蹴ると、その下から、黒衣の死に神が現れました。死に神は、痩せて骨ばっていて、肩に鎌をかけていました。

「さて、これは困った、いよいよおしまいか」王子はそう思いました。

「やあ、若者よ、ようやくやって来たな。私は実に長い間、お前を待っていたよ」

勇敢な若者は、たちまち自分を取り戻すと、身を翻し、できるだけ一生懸命走り出しました。死に神は彼が逃げて行くのを見て、その後を追いました。王子が老王の宮殿まで辿り着いたときには、もうそれ以上走ることができませんでした。彼は龍に挨拶をしましたので、龍は喜んで城門から頭を外し、勇敢な若者は中に入ることができました。彼はとても疲れていたので、ハアハアと喘ぎながら、言いました。

「助けてください、敬愛するご老王、私を苦しみの中に捨て置かないでください。死に神が追いかけて来ています。私はどうしたら良いのか、教えてください」

老王は彼に、幅の広い羊毛のベルトを渡し、言いました。

「さあ、これを死に神に与え、糸屑しか残らなくなるまで、ずっとこれを身に着けているよう言い、そこまで着古してから、お前さんのところに来るよう言いなさい」

死に神がやって来て、城門の龍を見て、その頭を切り落とそうと、鎌を振り上げました。龍は口を大きく開け、灼熱色の舌を見せながら、跳び上がりました。龍は火を吹き出し、死に神に浴びせ、彼を近づかせませんでした。

「止まれ、老いぼれの歯無しの死に神よ！　なぜお前は人々を追い詰めるのか」

「お前には関係ないことだ、私を宮殿に入れろ！」

「お前は私に挨拶すべきだった」龍は言いました、「自分の命を大切に思うなら、向こうへ行け、さもなくばお前のすべてを焼き滅ぼすぞ」

龍がたいそう怒っているのを見て、死に神は引き下がり、離れたところから叫びました。

「老王よ、王の息子を外に出せ、さもなくばお前の髭を、一本一本残らず引き抜いてやる！」

そこへ王の息子が、ベルトを持って出てきて、言いました。

「このベルトを取りなさい、死に神よ。そして戻って身に着けなさい。糸屑以外何も残らなくなるまで着古したら、私のところにやって来るが良い」

死に神はベルトを手にし、身に着け始めました。王の息子はさらに先へ進み、再びカシの木のところにやって来ました。カシの木は王子に声をかけました。

「来なさい、勇敢な若者よ、休息を取りなさい」

「できないのだ、死に神が追いかけて来る」

「それなら心配いりません。あなたの手を、私の幹の窪みに入れ、そこから鉄の杖を取り出しなさい」

「杖を取った」

「もし死に神があなたに追いついたら、その杖を与え、その柄だけ残してすべてがすり減るまで使い、その後であなたのところに来るよう、言いなさい」

そこで勇敢な若者は、カシの木に別れを告げ、先へ進んで行きました。彼は、歩きに歩き、道のない丘を越え、浅瀬のない川を渡って行きました。

ある日、死に神が突然彼の前に現れました。

「止まれ、勇敢な若者よ、お前の番がやってきた」

「そう、私の番が来るときには来るだろう。しかしその前に、この鉄の杖を取りなさい。そして、柄だけ残してすべてがすり減るほど使い切ったら、それから私のところへ来るが良い」

死に神は杖を取ると、柄の下がすり減ってなくなるまで歩こうと、行ってしまいました。

王子は、再び自分が自由になれたので、まるで羽でも生えたかのように歩きました。彼は歩くうち、また葡萄の木のところにやって来ました。葡萄の木は、遠くから彼に気付き、こちらへ来るよう言いました。

「ちょっと休みなさい、勇敢な若者よ、葡萄を食べ、ワインを飲んでください」

「とても休みたいのだが、私の行く手は遠く、道は曲がりくねっていて、死に神が追いかけて来る。休んではいられない」

「そんなに心配しないで。私はあなたを助けるため、何でもしましょう」

「老いぼれの死に神を止まらせることさえできれば、どんなことでも構わない。お前にそれができれば、何よりだ」

「もし、死に神があなたに追いついたら、あなたの剣を彼に投げ、剣が錆びついて何も残らなくなるまで身に付けるよう、そして、その後、あなたのところに来るよう、そう言いなさい」

「助言をありがとう。死に神を見たら、すぐ私の剣を彼の足元に投げることにしよう」

王子は直ちに出発し、できる限り先を急ぎました。が、それでもある日、彼は死に神に立ち向かうことになりました。

「止まれ、若者よ！　とうとうお前の終わりがやって来た」

「さて、お前がそう言うなら、そうなのだろう。ここに、私がこの世で持っている最後のものがある。この大切な剣だが、生き残るためなら仕方がない、これをお前に与えよう。錆びついて埃しか残らなくなるまで、これを身に付けるがよい。それから私を摑まえに来い。その時こそ私のおしまいだ。もしお前がもうこれ以上、私を探せないのなら、それは私が不滅の王国に行ってしまったということだ」王子は、剣を死に神の足元に投げつけると、さらに先へ進んで行きました。

剣が錆びついて、埃しか残らなくなった時、死に神は矢のように速く、彼の後を追いました。王子は宮殿に辿り着き門を開けると、一番若い娘が迎えに出てきて、彼の手を摑みましたが、ちょうどそのとき、死に神も追い付いて来て、王子の片方の足を摑みました。

「止まれ、お前は私のものだ！　どこへ行こうというのか」死に神が言いました。

「いいえ、彼は私のものよ！」王の娘が言いました。

「彼を放せ！」死に神は叫びました。「彼は私のものだ」

すると、王の娘が言いました。

「こうなったら、私は王子を金のリンゴに変え、空高くに投げましょう。リンゴを摑んだ者が、彼を手にすることができるでしょう」

王の若い娘は、王子の姿を金のリンゴに変え、それを空に投げると、リンゴは宵の明星になりました。王と上の二人の娘が門までやって来て、何があったのか知ると、一番若い娘の姿もリンゴに変えて、空に投げ、王子を見つけて一緒に宮殿の中庭に連れ帰るように言いました。死に神はもはや彼らを捕まえることができません。リンゴは空に飛んでいき、明けの明星になりました。死に神は、これを見て大いに怒り、王と王の二人の娘の影を踏みつけ、三人を石柱に変えてしまいました。その時から、空には宵の明星と明けの明星が輝き、モルドヴァの屋敷の門には石柱があるのです。

私は　ヤマアラシに　乗りました、
そして、私の　この物語を携えて　やって来ました。
三インチの　針毛の上に　またがって、
でも、ほかのお話しは　ありません。

第三話　緑の王の息子アリマン王子の物語

はるか昔のこと、二人の従兄の王が住んでいました。一人は東に王国を持ち、名を〝緑の王〟と言いました。他の一人は、西に王国を持ち、〝赤の王〟と名乗っていました。二人とも、若い時から王位にありましたが、互いに会ったことはなく、互いの様子が耳に入ることも、めったにありませんでした。緑の王は、自らの王国を治め、とてもハンサムでカシの木のように強い、三人の息子を育て上げました。緑の王が息子たちの結婚をどうしたものか、どう三人に宮殿を分け与えたものか、心配し始めたときでした。赤の王の使者が彼の手紙を携えやって来て、自分は年老いて病気でもあるが、これまでの生涯で手にしたすべての財産を、見ず知らずの者に与えるのは望まないので、緑の王の息子の一人を寄こしてほしい、と頼んできました。緑の王は、この手紙を受け取ると、息子たちに尋ねました。

「さて、愛する息子たちよ、お前たちの誰か、赤の王の王位を受け継ぐために、赴こうと望む者はあるか」

「父上、私が参りましょう」一番上の息子が言いました。

「幸運を祈る！」王は言い、王子にふさわしい装いを整えさせると、立派な馬を選び、王子を送り出しました。


一番上の息子は、いくつもの原野や砂漠、森を通り抜け、山々を越え、黄金の橋までやって来ました。彼は橋を見るや、その豪華さに驚きました。

「ひとかけらくらいなら、切り取っても悪くはないだろう」彼は考えました、「先は長いし、何かの役に立つこともあるかも知れない」

彼は馬から飛び降りると、欄干をひとかけら引きちぎり、それをポケットに入れました。すると、橋は揺れはじめ、一方に傾いたので、それ以上ちぎることはできませんでした。どこからともなく、この橋の持ち主である一人の老人が現れました。

「やめなさい、若者よ」彼は言いました、「なぜ橋を壊そうとするのか。お前だけじゃない、皆がこの橋を必要としているというのに！」

王子がそれ以上聞く間もなく、老人は王子の馬を掴まえ、裁きの場に追い払い、牢屋に閉じ込めてしまいました。

最初のひと月が過ぎましたが、二人の弟たちに、兄についての知らせは、何もありませんでした。そこで真ん中の息子が言いました。

「父上、赤の王の宮殿には、私が参った方が良いと思います。兄はどこかで道に迷ったのでしょう。たぶん明日か、明後日には戻って来るでしょう」

王は、彼に祝福の言葉を与え、王子の装いを整えさせ、旅に必要な十分な金貨と、赤の王への贈り物として貴重な宝石を持たせ、送り出しました。

でも、真ん中の王子は、同じ間違いを犯しました。同じ橋までやって来ると、彼はその豊かな黄金に驚き、欄干を粉々に壊すと、ポケットに入れ始めました。橋はたちまち弱り、深い谷間に沈んでしまいました。そこへ、橋の持ち主の老人が現れました。

「なぜお前は、人々がとても困るようなことをし、あのように素晴らしい橋を壊したのか。壊すのではなく、感謝の気持ちを持って渡るべきであろう」

王子は、それ以上進むことができませんでした。老人は、彼を捕まえると、縛り上げ、刑に服するよう、刑務所に送り込んでしまいました。

日々は過ぎて行きましたが、真ん中の息子から何の知らせもなかったので、緑の王はとても心配になりました。

「父上、私に祝福の言葉をお与えください、そして赤の王の宮殿に行かせてください」〝アリマン〞という名の、一番下の息子が言いました。

「ダメだ！」王は言いました、「家にいなさい。お前には、どことも分からぬ砂漠で、跡形もなく、行方知らずになって欲しくないのだ」

「行かせてください、父上！」一番若い王子は、懇願しました。「私は、赤の王からの良い知らせを持ち帰るだけでなく、兄さんたちがどこで道を失ったか、見つけて参りましょう」

緑の王は最後には了承しましたので、アリマンは、龍のように逞しい馬に跨り、いくらかのお金をポケットに入れ、衣服を整え、出発しました。

王子は、長いこと馬に揺られ揺られ、とうとうあの黄金の橋にやって来ました。

彼は、深い谷間に架かった、何とも豪華な橋を見ると、帽子をとって一礼し、渡り終わってから言いました。

「この橋を建てた人は、素晴らしく良いことをした。もしここに橋がなかったら、何人の人が落ち、この谷間の底で、自らの運命を呪《のろ》っていたことだろう！」

馬を急がせると、彼は橋をはるか後にし、一週間以上揺られ、小屋のある森までやって来ました。小屋の周りには、固い塀が取り巻いていて、風が吹き抜けることもできませんでした。アリマンは足を止め、門を叩きました。

「そこにいるのは誰だ、このような所で何を探そうというのか？」老女が尋ねました。

「おばあさん、私を中に入れ、休みを取らせてください。すっかり馬に乗り疲れました」

「もし、お前さんが善人なら、扉を開け入りなさい。悪人なら、離れて、この小屋に近づいてはならない。ここには鉄の歯と鉄の爪を持った小さな犬がいて、悪人を見ると粉々に引き裂いてしまうからね」

「私は善人ですよ、おばあさん」アリマンはこたえました。

そうして彼が庭に入り、老女にお辞儀をすると、まるで彼が主人であるかのように、子犬がじゃれつき始めました。それは彼が本当に善人であることの証でした。老女は馬を見ると、手を叩いて、言いました。

「まあ、勇敢な若者よ、お前さんがやって来てくれて、まったく幸運だよ。私の子どもたちは、私が何の食べ物も与えてやれないから、もう三日間も空腹のまま、イチゴを探しながら森をさまよっているからね。お前さんの馬を私におくれ、そうすれば、私はそいつを殺し、子どもたちに食べ物を与えよう」

アリマンは、眉をひそめ、額にしわを寄せました。その老女は、〝聖ウェンズデイ（Holly

Wednesday）〟で、キツネ、オオカミ、クマ、ハリネズミやその他の、多くの野生の獣たちの女王でした。王子は、聖ウェンズデイの子どもたちに、施しをしようと決め、ため息交じりに言いました。

「どうぞ、おばあさん、そうしてください。これからの旅なら、私は歩いて行きましょう」

聖ウェンズデイは、子どもたちがお腹いっぱいになり、アリマンにあらん限りの親切を以て接するよう、餌を与えました。王子が去ろうとすると、聖ウェンズデイは、彼のバッグを手にし、それに祝福の言葉をかけ、魔法の呪文《じゅもん》を書きました。

「このバッグから、何でもお前さんの好みの料理を、好きなだけ取り出し、七年の間、楽しんでお食べなさい」彼女がそう言い終わると、バッグの上に、《七年間の食べ物》という文字が現れました。

それから、アリマンは杖を手にして旅立ち、谷を越え、丘を越え、森や野原を抜け、歩きに歩きました。お腹が空いたときには、バッグを覗き込み、なんでも好きなものを取り出し、食べました。彼は、はるか彼方まで行き、山岳地帯のブルーグレイの森にやって来ました。森の端に洞穴がありましたが、そこから泣き叫ぶ声が聞こえてきました。

「もう一度、日の光を見られるよう、一口水をくれ」

アリマンは洞窟に入ると、座る力もなく、目蓋さえ上げることのできない、この世界と同じほど年老いた老人を見ました。

「ご機嫌いかがですか、おじいさん」王子は言いました。

「良い日だね、旅人よ。でも、いったいお前さんは、どういう人なのか、またこんな寂しいところで、何をしようというのかね」

「私は、緑の王の息子、アリマンです。赤の王の宮殿に行く近道を知りたいのです」

「道を教えてやりたいが、まったく力がでない。どうか、私の口を潤す一滴の水をおくれ。そうすれば、私は力を取り戻し、もう一度日光を拝むために、この洞穴から出ることができるだろう」

アリマンは、腰から水筒を外すと、それを老人に渡しました。老人は一口飲んだだけで元気になり、力を取り戻しました。水筒の、老人が摑んでいたところに、《七年間の飲み物》という、言葉が現れました。

「ありがとう、親切な若者よ。お前さんは、私に、もう一度太陽を見ることができるよう、助けてくれた」そう言いながら、老人は、片手に杖を持ち、もう片方の手で目蓋を持ち上げながら、洞窟から出てきました。

「南の方に、丘が見えるかな。そこから、はるか遠くに火が見えるはずだが。火の傍に誰かいるだろう。それが誰であれ、行って、赤の王の宮殿への道がどこか、尋ねるが良い」

アリマンは出発し、丘まで歩きました。彼は、そこから燃え盛る火を見ました。近くに来てみると、それは小さな火ではなく、荷車いっぱいの薪が燃えている大かがり火でした。一人の巨人が傍らに座り、体を暖めていました。

「ご機嫌いかがですか、巨人さん！」

「ようこそ、旅人よ！　もしお前が、私に挨拶をしなかったら、お前を殺すところだった」

「もしあなたが、返事をしなかったら、私はさっさと先へ行ってしまうところでした」

それから巨人は立ち上がりましたが、彼は山のように見えました。彼がひとたび欠伸《あくび》をすると、森のありとあらゆる鳥たちが恐れをなし、飛び去って行きました。

「お前は、戦でもしようというのか」

「いいえ、私は、赤の王の宮殿を探しているのです」

「残念だが、若者よ、私はそれがどこにあるか知らない。せめてお前さんを、私の兄弟のところに連れて行ってやれれば良いのだが。彼は、年上の兄弟だが、私より多くのことを知っている。たぶん、彼は赤の王の宮殿を知っているだろう。だが、私ときたらまったく力が出ない、この七年間、ケシの実一つ食べていないから」

「さあ、このバッグを取りなさい、巨人さん、そして好きなだけ食べてください。一つだけお願いですが、私に道を教えてください」

「良いだろう、旅行者よ」巨人は言い、バッグを取ると、噛む音を森じゅうに鳴り響かせながら、食べ始めました。

巨人は、あたかも弱々しさと疲労を振り払うかのように身を震わせると、右の手の平にアリマンを乗せて、ひと吹きしました。若者は歩く間もなく空中を飛び、耳の中でヒューっと響く音とともに、強い風に運ばれていきました。ようやく止まったとき、アリマンは、居眠りしているもう一人の巨人の、胸の上にいることに気付きました。巨人は目を覚まし、尋ねました。

「小人よ、いったいどこから、私の胸の真上に落ちてきたのか」

「あなたの兄弟が私を、ここに寄こしました」

「そういうことなら、弟が今何をしているか、どう暮らしているか、話してごらん、私は、何年も彼には会っていないからね」

「あなたの弟は、あなたとお喋りをするために、私をここへ送った訳ではない。急ぎの用事があるのです。赤の王の宮殿に、真っすぐ行ける道を教えて欲しいのです」

「わしは、道を教えるだけではなく、そこへお前さんを連れて行くこともできる、道を知っているからね。でもここ七年もの間、水一滴も飲んでいないので、弱ってしまい、残念ながらそうできないのだ」
「さあ、巨人さん、この水筒を取って、喉の渇きを癒してください」
巨人は、水筒を取り、それを口にあてがったとき、まるで大きな川のダムが壊れでもしたかのように、激流が彼の口に流れ込みました。そして、彼はいつまでも飲み続けました。

「今はもう、力が回復したようだ」巨人は言い、アリマンを右の手の平に乗せると、

それから　巨人は　彼を　手に載せ
そして　彼を　空高く　吹き飛ばした
神々の国の　その雲まで
星たちが　一緒に　飛んでいる

アリマンが気付くと、彼は豪華な宮殿の入口の、まさにその前にいるのでした。赤の王の宮殿でした。彼はどうすればいいのでしょう。彼は中に入り、深くお辞儀をし、赤の王の健康と長寿を祈りますと、挨拶しました。

王は、ようやく自分の甥の一人がやって来たことを大変喜び、自分の広い王国から、音楽家、重臣や貴族、それに多くの市民などを一堂に呼び寄せ、これまで誰も見たこともないご馳走でもて成しました。そうして彼はアリマンに王冠を載せ、アリマンは赤の王の王位に就きました。

祝賀の宴が終わると、アリマンは宮殿や王国を見回し、物事がどのように進んでいるかを見きわめ、問題があれば直ちに解決し、すべてを正しく整え始めました。

宮殿を見回っていたときでした、アリマンは、たまたますべてが金と銀で飾られた客室に入り込みましたが、そこには信じがたいほど美しい少女が眠っていました。彼はどうしようもなく、心臓を高鳴らせ、近づくと彼女の唇にキスをしました。少女は孤児でしたが、自らの子どもがない王は、彼女を喜んで養女に迎えましたので、彼女は王の娘として宮殿で育てられたのでした。

アリマンは、すべてを整えてから、赤の王に謁見し言いました。

「私は、父に会いに行って別れを告げてきたいと思います。それから、ここに戻り、この国を治めましょう」

「旅の無事を祈る！」王はこたえました。

赤の王は、彼にたくさんの贈り物を持たせ、その旅立ちを見送りました。

アリマンは、出発し、馬に揺られ揺られて、いくつもの砂漠を越え、町を越え、ブルーグレイの森を抜け、川を渡り、ようやく黄金の橋にやって来ました。家路への道を急ごうと、橋を渡ったときでした、アリマンは偶然にも、兄たちと顔を合わせました。彼は大変喜び、心臓が高鳴りました。

「こんにちは、親愛なる兄さんたち！」

「お前は、どこからやって来たのか？」

「赤の王の宮殿からです」

二人の兄（互いに仲の良さを装っていましたが、実は嫌い合っていたのですが）は、これを聞いてとても驚きました。彼らは、アリマンの成功を羨み、敵意とあからさまな憎しみを以て、彼を見ました。

「兄さんたちは、どうですか、どこにいたのですか？」

「私たちも、同じ道をやって来たのだが」

「可哀そうに、道に迷ったのですね！　でもご心配なく。一緒に家に帰りましょう、そして父上には、三人とも赤の王の王国にいたと告げ、赤の王の王位を誰が受け継ぐか、誰であれ、父上が望む通りに決めて貰いましょう」

二人の兄たちは、この考えが気に入らず、互いにささやき始めました。

「さて、弟に良いように振り回されたまま、我慢しろというのか。とんでもないバカを見ることになりそうだ。もし父上が、私たちが赤の王の宮殿にまったくいなかったと知ったら、父上は私たちの生活を堪えがたいものにしてしまうだろう。弟を打ち据え、贈り物を奪い、父上には、私たち二人がそこにいたと告げ、そして、父上が送り出す私たちのいずれかが、赤の王の宮殿に戻りましょうと、話すことにしよう」

兄たちは、弟の衣服をはぎ取り、彼の贈り物を奪い、打ち据えましたので、弟は死んだようになってしまいました。そのとき、アリマンは泣き叫びました。

「兄さんたち、私を殺さないでください。あなたがたは私にまったく哀れみを持っていないようなので、もし私を生かしてくれるなら、遠い世界に去って、兄さんたちの前から姿を消すと約束しましょう」

二人の兄たちは、同意しました。彼らは、哀れなアリマンを瀕死のまま置き去りにし、何の後悔も、弟に対する何の哀れみもなく、家路に就きました。言い方さえ上手なら、真実でないことも真実に聞こえる、という諺があります。二人の兄たちは、家に戻ると、自分たちは赤の王の宮殿にいたと偽り、自慢しましたので、父王も彼らを信じました。父王は、豪華なご馳走を用意するよう命じ、彼の地の統治者として、二人のうちどちらを任命するか、その日を決めました。

可哀そうなアリマンは、余りにもがっかりし、落胆し、すべてが真っ暗闇に見えました。が、彼は勇気を失っていませんでした。彼は失意から立ち上がり、いつか不正が正され、幸運が彼に味方するという希望を抱いて、牛を牧草地に連れて行ったり、道を掃除したりする使用人として働きました。

一方、赤の王の宮殿の美しい少女は、アリマンのキスを受けて後、絵の中の幼子のような、可愛い男の子を授かりました。男の子は、普通の子なら一年かかるところを、一日で成長しました。少し経って、彼は母親に尋ねました。

「お母さん、僕のお父さんはどこにいるの、僕はお父さんを見たこともないし、お母さんは、お父さんのことを何も話してくれない」

彼の母親は、その言葉を聞いて、身を震わせました。

「お父さんは来るわ、可愛い息子、すぐに来るわ」

真夜中、赤子が眠りに落ちた後で、彼女は愛と恋しさにつまされて、東の方角に目をやりました。それから、彼女が一息吹くと、緑の王の宮殿に真っすぐ続く、両側に三列の黄金の並木のある黄金の道が現れました。木々は様々な種類の黄金の実をたわわに実らせ、黄金の鳥たちがさえずっていました。彼女は、緑の王への手紙を使者の鷲に託し、雲の上を飛んで行かせ、彼の息子ができるだけ早く戻るよう、伝えました。

二人の兄弟はとても喜び、緑の王は、上の兄を翌日出発させようと決心しました。翌朝早く、彼は馬に跨り、皆に別れを告げたのですが、馬を進めようとすると、黄金の道が跳ね上がり、彼をはるか後方に、投げ飛ばしてしまいました。言うまでもないことですが、この道は、ただアリマンのためにだけ開かれていたのです。

真ん中の息子は、黄金の道と黄金の鳥たちに大いに魅了され、父王のところにやって来て、自分に祝福を与え、行かせてくれるよう頼みました。

「幸運がそなたとともにあるように、可愛い息子よ！」緑の王は言いました。

しかし、彼が黄金の道を行こうとすると、彼の兄よりもひどいことになりました。そこで彼は、遠回りをし、とうとう赤の王の宮殿に辿り着きました。彼が宮殿に到着してみると、道の行き止まりに、王の娘とその息子が待っていました。

「あなたは誰ですか？」

「私は、緑の王の息子だ」

「あなたは、嘘をついています。私が知っている王のご子息ではありません」。若い乙女はそう言い、彼の顔をピシャリと叩きました。

王の真ん中の息子は、恥ずかしさいっぱいで家に戻り、兄とともに泣きはじめ、ずっと震えていました。二人は、黄金の道が、彼らのためでないと知って怒りましたが、それは明らかにアリマンのためでした。二人は、自分たちの悪巧みを思い出し、手で自らの額を打ちました。

「私たちは、自らを笑いものにする種を作り、恥の上塗りをしてしまった。私たちはおしまいだ、兄弟。もし、今ここに、アリマンが現れ、私たちに呪いの言葉を浴びせたら、私たちの生涯の不名誉となるだろう」

二人がこのように話しているときでした、アリマンが突然手に幅広の剣を持って、彼らの前に現れました。

「ご機嫌いかがですか、兄さんたち！　さあ、兄弟は、憎しみ合うよりも愛し合う方が良いですよね。あなたたちは、今、どんなにそれを切望しているか、お分かりですね！」

それから、アリマンが幅広の剣を空中に投げると、刀は兄たちの頭の上に落ちてきて、信じるも信じないも、刀は二人の兄たちを、それぞれ半分に割ってしまいました。そのそれぞれ一対の半分は、たちまち同じ顔、同じ目と鼻、同じ身長と姿を持つ、二人の同一人物に姿を変えました。でもその間には、一つの大きな違いがありました。右側の人物は、白く輝いていて、夜を昼に変えることができましたが、一方左側の人物は、煤《すす》か、それ以上黒いのでした。

アリマンは、幅広の剣を取ると、黒い方の人物を叩き切って粉微塵にし、大地に撒いてしまいましたので、もうそれは、決してもとの形に戻ることはありません。白く輝く人物は、とても喜び、アリマンに腕を回すと抱擁しました。

緑の王は、息子たち同士の、こうした兄弟らしい思いやりと愛情を見て、嬉しさのあまり、髭をかき上げ涙を流しました。

それから皆で、高価な贈り物を持ち、アリマンを赤の王の王位に就かせるため、赤の王の宮殿に旅立ちました。黄金の道が、すべての美しい黄金の宝物とともに、彼らを迎えました。

彼らが宮殿に着くと、赤の王は、これまで誰も見たこともなく、これからもありそうもないほど素晴らしい、祝宴と結婚式を取り行いました。

これで　王国　権力　そして栄光の
私の　物語の　お終いです
他に　付け加えることは　できません
もっと上手に　語れるなら　誰でも　どうぞ

第四話　スグル－ムグル

昔むかし、小さな男の子をもつ、一人の女が住んでいました。春になると、彼女はこの小さな少年を連れ、キノコを取りに〝赤の森〟深くに入って行きました。女は、たくさんのキノコを、こちらで見つけ、あちらで見つけ、とても嬉しくなって夢中になり、息子を見失ってしまいました。迷子になった少年は、激しく泣き始めました。彼は一日泣き続け、翌日も泣き、それから一人の老人に会いました。

「どうして泣いているのだね、坊や？」

「お母さんが、いなくなっちゃった、おじいちゃん！」そして少年は、そのわけを老人に話しました。

「坊やの名前は？」

「ピーター」

老人は彼を腕に抱えると、家に連れて帰りました。

「ばあさんや」彼は妻に言いました。「小さな男の子を連れて来たよ。行って、赤ヤギから乳を搾り、この子に飲ませてやりなさい」

「それは良かった！」老女が言いました。「私たちが年老いたときに、めんどうをみてくれる息子ができましたね」

老女は、急いで外へ出ると、ヤギの乳を搾り、それを温め、少年に与えました。少年は、赤ヤギの乳を飲むと、まるで二十歳にでもなったかのように、大きく強く成長しました。

「私がヤギを牧草地に連れて行きましょう」少年は言いました。

「息子よ、うちのヤギたちは、自分で草を食べるよ」

「どっちにしても、私はヤギたちと一緒に行こうと思います」

少年は、頑丈に装いを整え、赤ヤギからとったミルクを水差しいっぱい沸かすと、それを携え出かけようとしました。

「可愛い息子よ」老人が言いました。「ヤギと一緒に行くなら、オオカミが棲むところに行ってはいけないよ」

「分かりました、お父さん、私はそこには行きません」

しかし若者は、出発するとすぐ、〝コッパーグラス〟と〝コッパーツリー〟が茂る、まさにオオカミの棲む地に踏み出して行きました。そこに入り込むや否や、彼は、オオカミが怒り狂ってこちらにやって来るのを見ました。

「やあ、ピーター坊ちゃん、私は、お前さんに乳をくれた赤ヤギを食べることにしよう！」

「オオカミ先生、もしあなたが私たちのヤギを食べたら、私はあなたの毛皮を剝ぎますよ」

オオカミは、ヤギを目掛けて、まっしぐらに走って来ましたが、ピーターはその足を掴まえ、皮を剝ぐと、オオカミを放してやりました。夕方、老人と老女は、テーブルに夕食を用意し、赤ワインを窓枠に置いて、ピーターを待ちました。ピーターはオオカミの皮を携えて家に戻り、広間に入ると、それを梁に投げ掛けました。老女はそれを見ていて、夫に話しました。

「ご覧なさい、あの子は、私たちにオオカミの皮を持ってきてくれましたよ」

「いや、オオカミの皮ではないだろう。彼は、たぶんアナグマの皮を剝いだのだろう」

翌日、老女は早起きし、梁からオオカミの皮を引っ張り下ろしました。

「私が話した通り、あの子は私たちに、オオカミの皮を持って帰りましたよ。あの子は私たちを狼から守ってくれた。これからは私たちも、〝コッパーの森〟に行くことができますね」

「そうかい、そうなら、私たちは勇敢な子どもを持ったものだ」老人はそう言い、若者が、またヤギとともに出かけようとしていたので、注意しました。

「どこへでも、お前の好きなところに行きなさい。ただしクマの棲むところに行かないように」

「分かりました、お父さん、私はそこには行きません」

ピーターは、ヤギを追いたて、野原や雑木林を抜け、銀白色の牧草地にやって来ました。そこでは谷間のユリとともに、草が高く伸びていましたが、それを刈る者は誰もいませんでした。羊たちがそこへ着くとすぐ、彼はクマが怒りで荒々しく息をしながら、こちらへ近づいてくるのを目にとめました。

「やあ、ピーター坊ちゃん、私は、お前さんに乳をくれた赤ヤギを食べることにしよう」

「クマ先生、もしあなたが、私たちのヤギを食べたら、あなたの毛皮を剝ぎますよ！」

クマは、少年の言葉に何の注意も払わず、ヤギを目掛けて、まっしぐらに走って来ました。ピーターはその足を掴まえ、毛皮を剝ぎ、クマを放してやりました。夕方、ピーターは、毛皮を棒切れに載せて、家に帰りました。彼は、ヤギの乳を搾り夕食をとると、毛皮を梁に投げ掛けて、寝てしまいました。

老女は毛皮を見て、夫に言いました。

「ご覧なさい、私たちの息子は、クマの毛皮を剝いできましたよ」

「そいつは良い」老人は言いました。「彼はとても勇敢だ、〝森の魔女〟さえ恐れはしないだろう」

翌日、ピーターが羊たちとともに、牧草地に行こうとしたので、老人が注意しました。

「〝ブルーグレイの森〟に行こうと思ってはならないよ、息子よ。そこには森の魔女が住んでいるからね」

「分かりました、お父さん、私はそこには行きません」若者はそう言い、ヤギたちをいつもの場所に連れて行きましたが、いつの間にか、来たことのない林の中をさ迷い、ブルーグレイの森の境まで来てしまいました。そこは森の魔女の屋敷の外れでした。

ピーターは、父の言葉を思い出し、立ち止まりました。

「そうだ、お父さんの忠告を守らなければならない、さもないと、災難に巻き込まれるだろう」

そうピーターは考えましたが、困難に飛び込んで行くより、避ける方が良いので、彼は間違っていませんでした。

ピーターが、森の境で、立ち止まって考えている時でした。体が板のように薄く、悪魔のように醜い、痩せた老婆を目にしました。老婆は、ピーターがヤギたちを連れて、自分の屋敷のすぐそばにいるのに気付くと、コールタールのように黒くなって、ブツブツ独り言を言いました。

いったい　お前は　なんだって　ここへ来たのだ？
たぶん　これは　わしの　大きな　過ちじゃ、
たぶん　これは　お前の　最後の　日じゃ、
たぶん　これは　お前の　大きな　過ちじゃ、
たぶん、これは　わしの　最後の　日じゃな？

老婆は、彼を〝ガラスの丘〟の向こうにやってしまえば、誰も彼の名前さえ二度と思い出さないだろうと考えました。そこで、ずる賢い年老いた魔女は、ピーターを騙《だま》そうとして言いました。

「お前さんは、何と立派な若者じゃ、自分でも自信を持つが良い。だが、もし〝イリャーナ・コスンズィアーナ〟と一緒になれたら、もっと立派に幸せになるだろう」

彼女がそう言ったとき、ピーターは、心臓の鼓動が早くなるのを感じました。翌日、彼はまたそこへ行きました。年老いた魔女が屋敷の境で待っていたので、彼は、今度はヤギを連れて来ることはできませんでした。魔女が言いました。

「お前さんは、何と立派な若者じゃ、自信を持つが良い。だが、もしイリャーナ・コスンズィアーナと一緒なら、もっと立派に幸せになるだろう。彼女が髪飾りの花を投げたら、勇敢な男だけが、それを拾い上げるだろう。彼女は若くもならないし、年を取ることもない、いつも十六歳じゃ」

ピーターは、家に戻ると老人と老女に話しました。

「あの老婆が、今日私に話したことを聞いてください」

「おお、私の可愛い息子よ、お前にそのようなことを言った者は、ただお前を傷つけようと望んでいるのだよ。それは森の魔女だ。彼女はお前を追い払いたいのだ。お前は、どこに行こうというのか、どこでイリャーナ・コスンズィアーナを見つけるというのか。ここに留まり、結婚しなさい。お前のために、美しく賢い娘を探してやろう」

次の日から、ピーターはヤギを連れて牧草地には行かず、悲しく憂うつな気持ちで、家にいました。ある朝、彼は老人と老女に言いました。

「私は、この世界の果てまで、大地の奥深くまで行って、イリャーナ・コスンズィアーナを探そうと思います。彼女が髪飾りを投げたら、勇敢な男だけが、それを拾うことができるのです」

老人は涙を流し、老女も涙を流しましたが、最後には彼らは同意するしかありませんでした。

ピーターは出発し、歩きに歩いて行きましたが、彼が見たものすべてをお話することはできません。歩きながら、彼は、岩がひっくり返っているのに気付きました。その下には一匹のヘビがいて、呻《うめ》き苦しんでいましたが、ヘビが窮地にあるのは明らかでした。ヘビは旅人を見ると、人間の声で話し始めました。

「友よ、この岩を持ち上げ、私がここから出られるよう助けてください。そうすれば、あなたは、情けを施すことになります」

ピーターは岩を持ち上げましたので、ヘビは助かりました。ピーターが目をやると、岩の上に何か書かれているのに気付きました。《もしあなたが〝ブラック王〟のところに行き、〝スグル-ムグル〟を牢屋から助け出してやれば、イリャーナ・コスンズィアーナがあなたの花嫁になるよう、彼は助けるだろう》、岩にはそう書かれていました。

ピーターは雄々しく進み、ブラック王の宮殿までやって来ました。そこで、彼は門を叩き、尋ねました。

「召使は要りませんか？」

「そう、確かに必要だ。ちょうど今、召使が大いに必要だ」

こうして、彼は召使として雇われ、一年そこで働きましたが、得たのもはパン一つだけでした。一年の終わりには、彼は皮と骨以外の何ものでもなくなっていました。報酬を受ける日がやって来ましたので、ピーターは、王のもとにやって来て、契約に従い、きちんと支払ってくれるよう求めました。

「さて、お前はわしから何を欲しいというのか?」王は彼に尋ねました。

「私は、スグルームグルを牢から出し、自由にしてやって欲しいのです」

王は怒りました。

「お前は、そのために一年間働いたというのか? けしからん、悪人のために? 戻って、もう一年働け」

ピーターは、もう一年働き、また王のもとにやって来ました。

「お前は、わしから何を欲しいというのか?」ブラック王が尋ねました。

「スグルームグルを自由にしてください」

「わしは、彼が生きているのか、死んだのかさえ知らない。彼は、日にコップ一杯の水とパン一枚で、もう二十年も監獄に入れられているのでな。彼がかつて歩いた森も、その間にすっかり大きくなった」

「もし、彼が死んでいるなら、私は彼の墓を見なくてはなりません」

ブラック王は召使に命じ、十二頭の牡牛をくびきに繋いで、重い牢獄のカギを持ってこさせようとしました。ピーターは、これを聞いて驚き、言いました。

「お待ちください、殿下! カギは私一人で運べます」

ブラック王は、ピーターの言葉にとても恐れをなしました。しかし、ピーターは行き、カギを取り、自分で牢を開け、叫びました。

「スグル-ムグル、私は、あなたを自由にするためにやって来た！　スグル-ムグル、あなたは、まだ生きているのか？」

スグル-ムグルは、深い、深い地下牢からこたえました。

「わしはまだ生きている、ピーター。でも、もしお前さんの来るのが、一日、二日遅かったら、お前さんは、私が死んでいるのを見たことだろう」

「さあ、出て来なさい、スグル-ムグル」

「わしは、動けない」

スグル-ムグルは、二十五の鎖に縛られていましたが、一つの鎖は二十五ポンドもの重さがありました。ピーターは彼の鎖を解き、外に連れ出して、言いました。

「私が、あなたを自由にするために、二年ものあいだ一生懸命働いたことを、知っていますか？」

「分っている、でも、そんなことしなくて良かった。わしには、この先難しいことが待ち受けているのだから」

スグル-ムグルは、牢から出てきましたが、足はとても弱っていて、熊手のように痩せていました。長い年月で体は曲がり、彼はまるで生ける骸骨のように見えました。

ピーターはどうしたと思いますか？　魔法のカバンから、美味しい料理などたくさんのご馳走を用意し、魔法のビンからは、溢れるほどのワインを注いだのでした。スグルームグルは、まる三日の間、食べ、飲みました。そして中庭に出てくると、彼は一声叫びましたが、その声の余りの大きさに、山々は揺れ、清流もたちまち濁ってしまいました。それからスグルームグルは、またテーブルに戻ると、言いました。

「私はまだ弱っているので、もう三日三晩、ご馳走を楽しむことにしよう」

そこで皆でテーブルを囲み、牛肉のロースト、焼いたラムやラムのグリルを食べ、三ガロンの木桶のワインを飲みました。三日の後、スグルームグルは中庭に出てきて、もう一度叫ぶと、古代から続く山々は崩れ落ち、崖は海中に沈みました。

スグルームグルは、もう一度食べ物とワインいっぱいのテーブルに着くと、言いました。

「わしには、まだ以前のような力が戻っていない。もう三日間、ご馳走を食べよう」

もう三日間の宴会が終わると、スグルームグルは中庭に出てきて、また叫びました。今度は、大地はめくり上がり、月は傾き、丘陵は潰れて平原となり、森の木々はまるでマッチ棒のように倒れ落ちました。

「さあ、ピーター、私の力は回復した、すぐ出かける準備をしよう」

彼らは、大地深くに掘られた石の厩舎に行き、二頭の痩せた馬を連れ出しましたが、馬はとても痩せていて、風の一吹きで倒れてしまいそうでした。

「こんな何の役にも立たない馬を、どうしようというのか？」ピーターが尋ねました。

スグル-ムグルは、それぞれの馬に、灼熱の石炭が入った二柄の桶を与えました。彼らがそれを食べ、ひとたび体を振るわせると、その足元で大地が揺れ、長いたてがみと強い蹄を持ち、綺麗なくつわや手綱を付けた、逞しく美しい馬に変わりました。

それは、彼らの乗り手とともに、空高く駆けるのに相応しい姿でした。二頭の内の一頭は、カラスのように真っ黒でしたので、スグル-ムグルは〝ブラック-デビル〟と名付けました。もう一頭はくり毛でしたので、〝くり毛王子〟と名付けました。

「さあ、ピーター、ハンマーの扱いの上手なロマの鍛冶屋に行き、馬に蹄鉄を付けるよう頼みなさい。ただし、蹄鉄は一つ二十五ポンドでなければならないよ。私はお前さんが戻って来るまで、休んでいよう」

ピーターは馬を連れて鍛冶屋へ向かい、その間、スグル-ムグルは地面に横たわり、大空の真下で、悠々と眠りました。ピーターは、馬の手綱を取り、ロマの鍛冶屋に行きました。

「こんにちは」

「何をお望みですか、若者よ？」

「私の馬たちに、蹄鉄を付けてもらいに来ました」

「かしこまりました。蹄鉄を付けましょう」

ピーターは、馬たちには、それぞれ一つ二十五ポンドの鉄の蹄鉄を付けなければならないと、説明しました。鍛治屋は驚きました。

「私が、二十五ポンドの蹄鉄を打ったのは、ただスグルームグルのためだけだったが」

ピーターは、彼に言いました。

「これらの馬も、スグルームグルのためですよ」

「もしそうなら、仕事は一年かかりますよ」

ロマの鍛治屋は、混じりけのない鉄を用意すると、それぞれの馬蹄のために、二十五ポンドずつを取り出し、それらを鍛え、固い石の道の上でも、しっかり固定されているよう、太い馬蹄釘を打ちました。ピーターは、その仕事が終わるまで待ち、それからスグルームグルを起こしに行きました。その後、ピーターはくり毛王子に、スグルームグルはブラックデビルに跨り、急ぎ出発しようとしたとき、ブラック王のテーブルの上では、グラスがチリンチリンと鳴りました。

彼らは、馬に乗りに乗って、長いこと乗って、岩の丘までやって来ました。岩の丘を横断し終わると、蹄鉄が擦り切れていました。スグル-ムグルは、ピーターを鍛冶屋にやり、馬たちに純粋の鋼鉄の馬蹄を付けさせるよう言いました。

ピーターは、馬たちを森の中の鍛冶屋に連れて行きました。

「こんにちは、鍛冶屋さん!」

「こんにちは、旅人よ! 何しに来たのかね?」

「私の馬たちに、蹄鉄を付けてもらいに来ました」

「畏《かしこ》まりました、馬蹄を打ちましょう」

「手間賃は、いくらですか?」

「蹄鉄一つにつき、金片三袋だね」

「蹄鉄一つにつき、金片三袋をあげましょう。でも始めに、どのような種類の蹄鉄でなければならないか、お話しします」

「いかようにも、お望みのままに」

「純粋な鋼鉄で蹄鉄を作り、一つの重さは二十五ポンドでなければなりません」

「いやあ、もし始めからそれを知っていたら、私は引き受けはしなかったよ。二十五ポンドの蹄鉄を打ったことはあったが、ただスグル-ムグルのためだけだ。私はこれまで、彼以上に勇敢で強い男を、見たことも聞いたこともない。もし彼が生きているなら、長生きしてほしい。もし死んでいるなら、彼を覆う土の軽きことを祈る！」

「彼は生きていますよ、お爺さん、生きています」

彼は、それを聞くと、鋼鉄の蹄鉄を真っ赤に焼き、鍛え、それぞれの蹄鉄を二十五の釘で打ち付けました。それらは外れもしなければ、火打石の丘の上でも、擦り減りはしないでしょう。

馬たちに締結を付け終わると、ピーターは、スグルームグルのもとに戻りました。二人はまた馬に跨り、大急ぎでやって来てようやく火打石の丘へ辿り着きました。そこで、馬を駆り立て、すばやく丘に飛び上がりました。馬の蹄鉄が火打石を打ったとき、石は九十ファゾム（fathom：1 fathom は約一・八メートル）の深さまで、燃えました。しかし、彼らがこの丘を横断し終わってみると、すべての蹄鉄はもとより、蹄さえ半分擦り切れていました。

スグルームグルは、ピーターを他の鍛冶屋にやり、一つ二十五ポンドの、ダイヤモンドの馬蹄を付けるよう、言いました。

ピーターは、馬たちを連れ森に入ると、鍛冶屋を見つけました。彼は、鍛冶屋が求める報酬を支払うことを同意し、握手を交わしました。しかし、彼がどのような種類の馬蹄を望んでいるか知って、鍛冶屋は驚いて言いました。

「どういうことなのか、私はこれまで、ただスグルームグルのためだけに、二十五ポンドの馬蹄を付けたが、彼は、ブラック王によって、深い地下牢に閉じ込められており、生きているのか、死んでしまったのかさえ、分からない」

「彼は生きていますよ、お爺さん、生きています」

鍛冶屋がこれを聞き、ハンマーを取り、鉄床を打ち鳴らすと、他の多くの鍛冶屋がやって来ました。やって来た鍛冶屋は、木にみっしり茂る葉のように大勢で、電光石火の早業で働き、あっという間に蹄鉄を付け終わってしまいました。


スグルームグルとピーターは、再び出発し、こちらや、あちらで休息を取りながら、長いこと、馬に乗りに乗って行きました。彼らは、一年、馬で行きました、いや、二年か三年、もっとかも知れません。誰も知らぬほど長い時間が過ぎ、二人ははるか向こうに、城を見つけました。これまで、このような城は、決して誰も見たことはありませんでした。城には、虹がかかり、たくさんの星々が輝き、夜を、まるで真昼のように照らし出していました。それは、イリャーナ・コスンズィアーナの城でした。

彼らが、丘の麓までやって来たとき、自分たちの目が信じられませんでした。炎が大地から燃え出て、空まで吹き上っていたのです。ピーターは尋ねました。

「どうして、大地から出てきたこの火は、空まで吹き上がっているのだろうか？」

「これは火ではない、イリャーナ・コスンズィアーナの美の炎だ。彼女が、おさげ髪から花を投げた時、勇敢な男だけが、それを拾うことができる。彼女は若くもならなければ、年をとることもない、常に十六歳だ。彼女は自らの宮殿に座していて、頭からかかとまで届く長い髪を持っている。彼女のすべての力は、その髪の中にある」

彼らは、馬の手綱を取り、拍車をかけ、むちを当て、ガラスの丘を登り始めました。頂上に着いた時、馬蹄は半分ほど擦り切れていました。そのまま進むと、二人は城の門に辿り着きました。

馬を下りると、スグルームグルはピーターに剣を手渡し、言いました。

「城に入りなさい。そこには十二の部屋がある。それらすべての扉を開けると、お前さんは、そのうちの一つに、金のリンゴがあるのを見つけるだろう。それを取り、ポケットに入れなさい。それから、イリャーナ・コスンズィアーナが寝ている間に、彼女の部屋に行きなさい。彼女の指から指輪を取りなさい。そして、もし剣を抜くことができたら、彼女の髪の毛を半分切りなさい。そこで彼女が目覚めれば、彼女はお前さんの後について来るだろう。さあ、行きなさい。そして覚えておきなさい、もし、お前さんが私の言った通りにしなければ、私たちは手ぶらで帰らなければならないことを」

それから、スグルームグルは魔法の言葉をささやくと、ピーターに息を吹きかけ、その姿を見えなくしてしまいました。

ピーターは、誰にも見られることも、音に気付かれることもなく、城に入ると、十二の部屋のカギを開け、そのうちの一つから、金のリンゴを見つけ、それをポケットに入れました。イリャーナ・コスンズィアーナは、何かが起ったと気付き、目を覚まし、守衛に向かって大声で叫びました。

「ほら、あそこ、行って泥棒を捕まえ、リンゴを取り戻しなさい。さもなくば、お前たちの首を、その肩の上から切り落としますよ！」

守衛は行って、宮殿と中庭すべてをくまなく探しましたが、ハエ一匹見つけられませんでした。すべてが元の通りに静まり返り、イリャーナ・コスンズィアーナが、深い眠りに落ちると、ピーターは、若い乙女が眠っている部屋に入り、彼女の指から指輪を抜くと、自分の指にはめ、それから、自分の指にあった指輪を外すと、彼女の指にはめました。彼は、若い乙女の指輪に、《イリャーナ・コスンズィアーナ：私がおさげ髪から花を投げたとき、ただ勇敢な男だけが、それを拾うことができる》と、書かれているのを見ました。イリャーナ・コスンズィアーナは目覚めると、守衛を叩き起こしました。

「ほら、行って、泥棒を見つけなさい。私の指輪は、取り換えられてしまった！」

守衛たちは、建物や通路の角という角、一つひとつの隅や物陰まで探しましたが、すべては無駄でした。ピーターといえば、中庭で楽しんだり、宮殿の中をブラついたりしていました。

イリャーナ・コスンズィアーナは、守衛を向こうへ追いやると、自分で見守り始めました。彼女が座って周りを見ているときでした、彼女の髪の毛の半分が、突然床に落ちました。ピーターが、剣をはらい、彼女の髪の毛の半分を切り落としたのでした。イリャーナ・コスンズィアーナは、それを見て言いました。

「私の力をこんなにも失わせたあなたは、いったい誰？　出てきて、あなたの姿を見せてください。もしあなたが老人なら、あなたは私の父でしょう。女性なら、あなたは私の母でしょう。乙女なら、私の妹、でももし、若い男なら、あなたは私の生涯の夫になるでしょう」

彼女の言葉を聞くと、ピーターはスグルームグルのもとに行きました。彼がまたピーターに息を吹きかけ、魔法の言葉をささやきますと、ピーターの姿が見えるようになりました。ピーターが城の中に戻ると、イリャーナ・コスンズィアーナは彼を認め、抱擁し、キスをしました。

「今日から、あなたは私の夫です、私の全生涯にわたって」

その後に、何が起こったでしょう。豪華な祝宴が行われ、そこにスグルームグルも招待されました。客たちが存分にご馳走を食べた後、イリャーナ・コスンズィアーナは、宮殿に息を吹きかけ、それを金のリンゴに変えました。それを携え、三人は馬に跨りました。スグルームグルはブラックーデビルに、ピーターはくり毛王子に、そしてイリャナ・コシンジュアナは雪のように白い馬に。そのようにして、彼らはピーターの故郷を目指して出発しました。

三人は一日中旅し、夜には休息しました。若いカップルは眠りに落ちましたが、スグルームグルは二人を見守っていました。三人は一年間馬に揺られ、それからもう二年揺られて行きました。年老いたスグルームグルは眠らずに、幾夜も若い二人を見守りました。故郷まで馬であと三週間というところで、ピーターは、老父と老母に手紙を送り、婚約を取り持つ仲人を供ない、二人に会いに戻ると知らせました。

夕方、彼らは木の下で休みました。若いカップルは眠りましたが、年老いた友人は、二人を見守っていました。夜遅く、スグルームグルは、三羽の鳥が木の中で、人間の声で話しているのを聞きました。そのうちの一羽が言いました。

立派な若者たち　なんと素晴らしいことか　見てごらん！
さあ、眠りなさい　さあ　眠りなさい　夜が明けるまで
彼らを　たくさん　眠らせよう　彼らを　もっと強くさせよう
彼らを　眠らせ続けよう　そして　若返らせよう

彼らを　幸せにしてやろう　彼らを　楽しませよう！

二番目の鳥がこたえました。

「立派で若いのも、たった三日ばかり、良いことなどない。仲人が毒の入ったワインを持って、二人のところにやって来る。それを飲んだら、二人はその場で死ぬだろう」

三番目の鳥が言いました。

「もし誰かこれを聞き、人に話したら、その者は、足から膝まで石に変わってしまうだろう」

こんなことを語っていたのです！

ピーターが送った手紙は、運ばれて行きましたが、あちこちさ迷い、森の魔女の手に落ちました。彼女は、ピーターが花嫁と一緒にやって来ると知るや否や、彼が家に帰る前に殺してしまおうと、毒の入ったワインのビンを持った仲人を差し向けました。彼女は、ピーターが彼女のオオカミとクマの皮を剝いだと知っていましたので、彼から、何か良いことが得られるとは思っていませんでした。

二、三日の後、縞のリボンとハンドタオルを身に着けた仲人が、三人の前に現れました。仲人は、彼らをもて成そうと、ワインのビンを持って踊りながらやって来ました。その時、スグルムグルが言いました。

「ピーター、ここでダンスをしたり、飲んだりしている時間はないよ。家に向かって、先へ進む時だよ。ワインのビンを私に寄こしなさい、出発しよう」

ピーターは、ワインのビンを彼に渡しました。夜になって、休みを取ろうと止まった時でしたが、スグル-ムグルは、まるで誤って落としたかのように、ビンを粉々にしてしまいました。ワインが飛び散ると、地面は灰になり、草は黒く焼け焦げてしまいました。ピーターは、それを見ると剣を抜き、仲人役の首を切り落としました。


またその二、三日の後、ピーターは、故郷の老父と老母に、もう一度手紙を送り、結婚式の準備を整えて帰郷できるよう、花婿と花嫁の介添役を送ってくれるよう、頼みました。

夜、彼らは木の下で休むため、再び止まりました。若いカップルは眠りに就きましたが、年老いたスグル-ムグルは、一晩中立って二人を見守りました。真夜中、三羽の鳥がまた飛んで来て、彼らの真上の木の枝に止まりました。スグル-ムグルは鳥たちの話を聞いていました。一羽の鳥が言いました。

立派な若者たち　なんと素晴らしいことか　見てごらん！

さあ、眠りなさい、さあ、眠りなさい　夜が明けるまで
彼らを　たくさん　眠らせよう　彼らを　もっと強くさせよう
彼らを　眠らせ続けよう　そして　若返らせよう
彼らを　幸せにしてやろう　彼らを　楽しませよう！

二番目の鳥がこたえました。

「立派で若いからといって、何が良いのだろうか？　数日前は、間一髪で難を逃れたが、今度は大きな困難が待ち受けている。明日になれば、花婿の介添役と花嫁の介添役が、それぞれ花を持って、二人に会いにやって来る。どちらの花にも、オオカミの牙とクマの歯が隠されていて、彼らがそれを胸に抱くや否や、死んでしまうだろう」

三番目の鳥が、断定的に言いました。

「もし誰かこれを聞き、人に話したら、その者は、足から腰まで石に変わってしまうだろう」

ピーターの二つ目の手紙も、あちこちさ迷い、また森の魔女の手に落ちました。彼女は、手紙を読み、二人が生きていて、結婚の祝宴を挙げようとしていることを知ると、森の悪魔たちを呼び、身づくろいさせ、化粧を施し、花婿と花嫁ための花を用意しましたが、花には、若いカップルがそれを胸に抱いたとき、たちまち死に至るよう、オオカミの牙とクマの歯が仕込まれていま

した。

翌日、三人は出発し、しばらく行ったところで、花婿の介添役と立会人、それに花嫁の介添役が現れましたが、彼らは笑ったり、冗談を言ったり、結婚の祝宴で人々がするように、大声で叫んだりしていました。彼らが、ピーターとイリャーナ・コスンズィアーナに、胸に抱くよう花を差し出したとき、スグル-ムグルは言いました。

「習わしでは、花婿と花嫁が胸に抱く花は、結婚式の前に、教父と教母から、与えられることになっている。その花を私に寄こしなさい。教父と教母が来るまで、その花は私が持っていよう」

スグル-ムグルが花を取り、それを投げ捨てると、地面が沈み、そこからたくさんのキイチゴとアザミが生い茂ってきました。

ピーターは、やらねばならない汚れ仕事が分かっていましたので、剣を取ると、介添役と立会人の後を急いで追いました。彼は、その内の一人に追いつくと、その首を刎《は》ね、それを大ガラスに与えました。森の悪魔たちは、皆、逃げ出しましたが、その内の一人は生きて家に戻りました。彼は、森の魔女のもとへ走って行き、何が起こったのか、彼女に話しました。

ピーター、イリャーナ・コスンズィアーナ、それにスグル-ムグルは、さらに進んで行きました。夜になって、三人は休息のため、木の下で歩みを止めました。若いカップルは、疲れを感じて、たちまち眠りに落ちました。スグル－ムグルは彼らの頭近くに座って、二人を見守りました。深夜になって、三羽の鳥がまた飛んで来て、人間の声で話し始めました。一羽の鳥が言いました。

立派な若者たち　なんと素晴らしいことか　見てごらん！
さあ、眠りなさい、さあ、眠りなさい　夜が明けるまで
彼らを　たくさん　眠らせよう　彼らを　もっと強くさせよう
彼らを　眠らせ続けよう　そして　若返らせよう
彼らを　幸せにしてやろう　彼らを　楽しませよう！

二番目の鳥が、遮って言いました。
「立派で若いからといって、何か良いのだろうか？　彼らは、自分たちに何が降りかかろうとしているのか知らない。夜、森の魔女は、十二頭の龍を連れてやって来て、彼らを粉々に引き裂くだろう」
三番目の鳥が、断定的に言いました。

「もし誰かこれを聞き、人に話したら、その者は、頭からつま先まで石に変わってしまうだろう」スグル-ムグルは、鳥たちの言葉を聞くと、それを記憶に留めました。

朝になり、彼らがしばらく行くと、とうとう家に辿り着きました。

「主に感謝します！」老父と老母は、三人が入口に入ってくるのを見、喜びで手を叩きながら、言いました。

「お母さん、お父さん、ご挨拶します。お二人がとても元気で、健康なのを見て、私たちは嬉しいです」


それから、何が起こったでしょうか？　さて、夜が訪れましたが、彼らはほとんど夕食を摂りませんでした。大変な長旅で、とても疲れていたので、皆、眠ってしまいました。誰もがぐっすり寝入っていましたが、スグル-ムグルだけは眠らず、剣を抜き、それを研いでいました。

真夜中、雷と稲妻の嵐が始まりました。空が雷鳴で轟き、大地が煮えたぎっているようでした。それは森の魔女と十二頭の龍でした。龍は、鼻孔から炎と煙を吐き出し、尻尾で大地を打ち鳴らしていました。スグル-ムグルは、剣を携えて家の外へ出ると、龍を一頭一頭切り倒しました。ついに、森の魔女がやって来ましたが、彼女は、自分の足元の周りに火を放ち、腰の周りにも火を放って、口から炎と煙を吐き出しました。

スグルームグルは、彼女のつま先を切り付け始めましたが、何度か打ち込んでいくうちに、剣は溶けてしまいました。彼は、剣の柄しか残らないほど、何度も切り付けました。森の魔女は、まだ生きていましたが、彼が剣の柄で打ち付けると、邪悪な老婆は、とうとう死んでしまいました。彼女が倒れた場所は、コールタールの池になりました。

スグルームグルは、森の魔女らすべてを取り除き、剣の柄を投げ捨てたのですが、柄は、偶然にもピーターの手の上に落ち、彼を傷つけてしまいました。ピーターが目覚め、叫びました。

「どうしたことだ、スグルームグル？　あなたは、私に危害を加えようというのか、あるいは、私を殺そうというのか？」

「とんでもない、ピーター、見てごらん、私はたくさんの龍の首を切り落としたのだ」

「さて、たぶんそうだろう、しかし、なぜ私の手を傷つけたのだ？　私は、お前を牢から出してやったが、このようなことをするなら、また牢に戻さねばならない」

しかし、ピーターは、スグルームグルが真実を言っていること、彼の良心は、雨の嵐の後の草のようにきれいに澄んでいることを、見て取りました。

「さあ」スグルームグルが言いました、「ご老父とご老母、それにイリャーナ・コスンズィアーナを呼びなさい。私は、お前さんを傷つけようと望んでいなかったが、お前さんは信じていないので、すべてを話そう。しかし、話し終わった後、私は死ぬことになるだろう」

「気にするな、たとえ、あなたが死のうとも、真実を話しなさい」

皆が集まり、スグルームグルは、一番最初からすべてを話し始めました。

「ガラスの丘を去り、一夜の休息を取った時、ピーターとイリヤーナ・コスンズィアーナが眠っている間に、三羽の鳥たちの話を聞いた。その内の一羽が、眠っている二人は、言葉に表せぬほど美しく若いと言い、他の一羽が、森の魔女が二人を殺そうと、毒の入ったワインを持った仲人を送ろうとしていると言い、三番目の鳥が、もし誰かこれを聞き、人に話したら、その者は、足から膝まで石に変わってしまうだろうと、歌っていた」と。

スグルームグルが、これらの言葉を口にした途端、彼の足は膝まで、石のブロックに変わってしまいました。

それからスグルームグルは、「三日後に、鳥たちがまた人間の言葉で話していた。一羽が、この二人の若い人たちほど、美しいものはこの世にないと言い、二番目の鳥が、もし翌日、二人が、森の魔女によって仕組まれた、オオカミの牙とクマの歯の隠された花で死んでしまうなら、若くて美しくても、良いことは何もないと言い、三番目の鳥が、もし誰かこれを聞き、人に話したら、その者は、足から腰まで石に変わってしまうだろうと、付け加えた」と、続けました。

スグルームグルが、これの言葉を口にした途端、彼の体は足から腰まで、石のブロックに変わってしまいました。

「家に帰り着く前夜、私は、三羽の鳥が、また話しているのを聞いた。一羽が、ピーターとイリャーナ・コスンズィアーナが生きていられるのも、ただ後一日、翌日には、森の魔女が十二匹の龍を連れてやって来て、二人を粉々に引き裂くだろうと言った」。彼が、三番目の鳥から聞いたことを話し終えた途端、スグルームグルは、つま先から頭まで、石のブロックに変わってしまいました。

ピーターとイリャーナ・コスンズィアーナは、泣きはじめ、老人と老婆もまる三日泣きましたが、どうすることもできませんでした。石のブロックは、微動だにせず、立っていました。三日目の夜、彼らは皆、同じ夢を見ました。老人が一番最初に起き、言いました。

「私が見た夢の話しを聞いておくれ。もし、私たちが赤ヤギを殺し、その血を石のブロックに塗り付ければ、スグルームグルは、もう一度生き返るだろう」

ピーターとイリャーナ・コスンズィアーナが一緒に声を上げました。

「私たちも、まったく同じ夢を見ましたよ！」

彼らは皆で、頭を寄せ合い相談し決めました。

「赤ヤギを殺しましょう、ヤギはまた育てることができるが、スグルームグルを、死から蘇らせる方法は、他にはないのだから」

そこで、彼らは、赤ヤギを殺し、その肉をオーブンに入れローストし、その血を石のブロックに塗り付けました。ブロックはたちまち灰のようにボロボロになり、スグル-ムグルが生き返りました。

「何と長いこと、眠っていたものか」彼が言いました。

「もし私たちが、赤ヤギを殺さなかったら、お前はもっと長いこと眠っていたよ」ピーターがこたえました。

「それは正しくない！」スグル-ムグルがこたえました、「赤ヤギは生きている。行って見てごらん」

彼らが、オーブンの中を見ると、そこには赤く焼けた石炭はなく、赤ヤギが青草を食み、その傍らで二頭の子ヤギがじゃれている牧草地が、広がっていました。

彼らは皆、これまでの生涯でなかったほど幸せでした。イリャーナ・コスンズィアーナが、金のリンゴを取り出し、それを地面に投げると、リンゴは宮殿に変わりました。それは、広い世界に二つとないほど、美しいものでした。ピーターが、自分が持っていた金のリンゴを地面に投げると、様々な種類の木々のある、とても美しい庭園が現れました。

それから結婚披露のパーティーが続きました。たくさんの人々を招き、宮殿の周りにもテーブルを設え、音楽家たちの演奏もあり、ダンスと楽しいユーモア溢れる大宴会となりました。行き交う誰もが、ワインとご馳走を、互いに勧め合いました。
今こうしてお話ししているこの私もその宴会に呼ばれ、食べ、飲み尽くしました。挙句の果ては、満腹になった自分の口を拭い、骨付き肉の骨を何とか溝に投げ捨てるだけで、精一杯でした。

さあ　幸運を　そして　さようなら
あなたは　死ぬ日まで　生きるでしょう！

第五話　スネーク・プリンスと王様の娘

遠い、遠い昔のこと、蚤《ノミ》がサイズ九九（breadth: 99mm）の蹄鉄を着けて、飛び跳ね、踊り、とても高くジャンプし、空に頭をぶつけていたころ、そう、ずっとずっと以前、子どものない一人の老人がありました。ある日、老人は言いました。「小麦粉をふるいにかけて、わしが持って行くパンを焼いておくれ。子どもを見つけに、広い世界に行ってみよう」

老女は、ふるいで小麦粉をこし、パンを焼き、それをカバンに詰めて、老人を見送りました。老人は歩きに歩いて、小さな井戸までやって来ました。彼はそこで一休みし、食事をとり、水を飲み、居眠りをしてしまいました。そして目覚めたとき、カバンの中に小さなヘビがいることに気が付きました。老人はヘビを見て考えました、「このヘビを、わしらの子どもにし、わしらが年老いたとき世話を焼いてもらえるよう、連れて帰ろう」

「ドアを開けておくれ。ばあさんや、出てきてわしらを見ておくれ」

「いったい何を持ち帰ったの？　このヘビをどうしようというのかね？」老女は、思わぬ土産を不思議に思い、言いました。

「彼をわしらの息子として育てよう」老人が言いました。

二人は、彼のためにオーブンの上に居場所を作りましたが、瞬きする間もなく彼は成長し、居場所はたちまち窮屈になってしまいました。

老人と老女は、彼を屋根裏部屋に連れて行き、三日間ミルクと穀物の種を与えました。ヘビは、余りに早く成長したので、彼の下の梁はひび割れ、その重さで家は地面に沈んでしまいました。四日目になって、ヘビは屋根裏部屋の窓から首を出して、言いました。

「お父さん、お母さん、私は結婚する年になりました」

老人と老女はとても喜びました。

「で、お前は誰に結婚を申し込みたいのかね？」

「王様の娘です」

老女がどうこたえようかと考えている間に、老人が言いました。

「わしは、王様のところへなど行けないよ、息子よ。王様はわしの首を刎ねるだろう」

「行かないなら、私がお父さんの首を刎ねますよ」

そこで、老人は、哀れにも怯《おび》えながら宮殿に行き、門を叩きました。守衛が彼を中へ入れました。彼は、帽子を脱ぐと王に頭を下げて、言いました。

「あなた様のご長寿をお祈りします、殿下！」

「ありがとう、旅人よ。どういうわけでここへ来たのかね？」

「私たち両家の縁組のお願いに参りました。殿下にはお嬢様がいらっしゃいますが、私の息子も結婚する年になりました。恐れながら、私たちは、結婚式の日取りを決めることができるのではないでしょうか」

王は怒りを漲《みなぎ》らせ、死刑執行人に、老人を宮殿の外で鞭《むち》打ち、犬たちをけしかけるよう命じました。死刑執行人は、彼を打ち据え、犬たちを放ちましたが、老人は犬にひどく噛まれたので、ほとんど瀕死の状態で家に帰り着きました。

ヘビは、老人がそのような哀れな姿で、門を入ってくるのを見ると、屋根裏部屋から首を伸ばして、彼を呑み込みました。そうして、その口をもう一度開けると、新しい服を着た力強く元気な老人が飛び出して来ました。

「気分はどうですか？」ヘビが尋ねました。

「とても気分が良い。それに、生きていて、以前のように元気なので、嬉しいよ」

「私も嬉しいですよ。なぜって、お父さんに、もう一度王様のところに行き、彼の娘との結婚の許しを求めてもらうことができるのですから」

「わしは行けないよ、息子よ。王様はわしの首を刎ねるだろう」

「行かないなら、私がお父さんの首を刎ねますよ」

そこで、老人は宮殿に行き、王の前でもう一度頭を下げました。

「あなた様のご長寿をお祈りします、殿下！」

「ようこそ、ご老人よ！　わしに何を望むのかね」

「両家の縁談のお願いに参りました。王様には、まだ婚約していないお嬢様がおられますが、私の息子も結婚する年となりました。恐れながら、私たちは、結婚式の日取りを決めることができるのではないでしょうか」

王は、自分の娘と老人の息子を結婚させることを望んでいなかったので、不可能な条件を出しました。

「あの丘が見えるか？」

「はい、見えます、殿下」

「そなたは、明日の朝までに、あそこに谷を造り、その谷に水車小屋を建て、水車小屋の近くに大きな池を掘り、池の周りの土地を耕し、その土地に小麦の種を蒔き、その小麦から小麦粉を挽き、その小麦粉でできたてのロールパンを作り、明朝、夜明けに、わしのところへ持ってこなければならないぞ」

老人は家に帰り、王が話したことすべてを、ヘビに伝えました。

「分かりました、お父さん、心配しないで休んでください」

ヘビが、屋根裏部屋から出て来て、耳をつんざくような口笛を吹きならすと、たちまち、大きいもの、小さいもの、目に見えるもの、見えないものなど、多数のヘビが彼の周りに集まりました。

「いかなるご用命でしょうか、ご主人様？」

「お前たち、あの丘が見えるか？　明日の朝までに、お前たちは、あそこに谷を造り、その谷に水車小屋を建て、水車小屋の近くに大きな池を掘り、池の周りの土地を耕し、その土地に小麦の種を蒔き、その小麦から小麦粉を挽き、その小麦粉でできたてのロールパンを作り、朝、私のところへ、二つ持ってきてくれ」

翌朝早く、ヘビたちは、彼のところに、できたてのロールパンを二つ持ってきました。

ヘビは、それを手にすると、屋根裏部屋の窓から頭を出して、言いました。

「起きてください、お父さん。このできたてのロールパンを持って、王様のところに行ってく

ださい」

老人は、起き上がり、できたてのパンを持って、宮殿に行きました。

王は、丘が谷に姿を変えられ、老人ができたてのロールパンを携えて、やって来たことを見ると、王妃のところにやって来て、言いました。

「わしは、あの男を怖気づかせようと、難しい仕事を命令したが、彼は、すべてをやり遂げた。あの者をどうしたものだろう？」

「私が、別の命令を彼に与えましょう。明日の朝までに、海が私の部屋の窓のすぐ下で波打ち、宮殿の背後には、見渡す限りの葡萄畑が広がり、日の出前に、葡萄が熟し、私が目覚めたとき、海の水で顔を洗い、熟した葡萄を食べることができるようにさせてください」

王が戻ると、老人が王に尋ねました。

「両家の縁組をなさいますか、殿下？」

「そうなろう、ご老人。しかし、そなたは、もう一つの仕事をやり遂げなければならない。そなたは、明日の朝までに、海が王妃の部屋の窓のすぐ下で波打ち、宮殿の背後には、見渡す限りの葡萄畑が広がり、日の出前に葡萄が熟し、王妃と彼女のすべての侍女が海の水で顔を洗い、熟した葡萄を食べることができるように、してもらわなければならない」

老人は家に戻りましたが、ヘビは、苛立ちを抑え切れぬ様子で、待っていました。

「王様は、何と言いましたか？」

老人は、王が言ったことすべてを、彼に伝えました。

「分かりました、お父さん。心配しないで休んでください」

ヘビが、屋根裏部屋から出て来て、耳をつんざくような口笛を吹きならすと、たちまち、大きいもの、小さいもの、目に見えるもの、見えないものなど、多数のヘビが彼の周りに集まりました。

「いかなるご用命でしょうか、ご主人様？」

「明日の朝までに、海が王妃の部屋の窓のすぐ下で波打ち、宮殿の背後には、見渡す限りの葡萄畑が広がり、日の出前に葡萄が熟し、王と王妃、それに彼らのすべてのお付きの者が海の水で顔を洗い、熟した葡萄を食べることができるようにしなければならない」

翌朝早く、宮殿すべての者が、海の水がピシャピシャと撥ねかかる音で、目が覚めました。王も王妃も、すべてのお付きの者が起き上がり、窓を開け、海の水で顔を洗いました。皆が洗い終わると、海は引いていき、その後に青草が生え現れました。そして皆が、宴会場に入っていくと、そこには熟した葡萄の置かれたテーブルが用意されていました。

朝、ヘビは老人に言いました。

「王様のところに行ってください、親愛なるお父さん。王様は、もう顔を洗い、葡萄で朝食を済ませて、落ち着いています。行って、彼の娘を私の花嫁とするよう頼んでください」

老人が宮殿に着いた時、ちょうど朝の太陽が顔を出しました。

「おはようございます、殿下」

「おはよう、ご老人。また来たのかね？」

「はい、参りました、殿下」

「何のためか？」

「同じことを、お願いしに参りました。両家の縁組はなさらないのですか」

「そうしよう、ご老人よ。もしそなたが三つ目の仕事をやり遂げてくれたら、そのようにしよう」

「それはどのような仕事ですか、殿下？」

「明日の朝までに、そなたは、わしの宮殿から花婿の家まで続く、黄金の道を造らなければならない。道の両側には、黄金の実のなる黄金の木が植えられ、木には黄金の鳥が安らぎ、様々な声で歌っていなければならない。明日の朝、わしが食べられるよう黄金の実をいくつか持って来るよう、そして鳥たちの歌声で、わしを目覚めさせよ」

老人は家に戻ると、ヘビは、ただただ、苛立ちを抑え切れぬ様子で、待っていました。

「王様は、何と言いましたか？」

老人は、王が言ったことすべてを、彼に伝えました。

「分かりました、お父さん。心配しないで休んでください」

老人は眠りにつきましたが、ヘビが、屋根裏部屋から出て来て、耳をつんざくような口笛を吹きならすと、たちまち、大きいもの、小さいもの、目に見えるもの、見えないものなど、多数のヘビが彼の周りに集まりました。

「いかなるご用命でしょうか、ご主人様？」

「明日の朝までに、お前たちは、王のものよりも三倍美しい宮殿を、ここに建てなければならない。すべてに黄金が施され、すべて貴重な宝石で飾られた三塔の物見やぐらを備えた宮殿を。また、ここから王の宮殿まで続く、黄金の道を造らねばならない。そして山を越え、沼地を越える黄金の橋を。道の両側には、黄金の実のなる黄金の木が連なり、木には黄金の鳥たちが安らぎ、様々な声で歌っていなければならない。王と王妃には、いつでも食べられるよう、黄金の果実を用意し、鳥たちの歌声で目覚めさせるように」

夜明けまでに、すべてが整えられました。王と王妃は、鳥たちの歌声で目覚め、テーブルには、黄金の果実が山のように盛られておりました。すぐに老人が現れましたが、王を見るとお辞儀をし、言いました。

「おはようございます、殿下！　両家が、縁組し、結婚の祝宴の日取りを決める時がやって来ました」

王は、まるで誰かに足の指にできたタコを踏みつけられでもしたかのように、飛び跳ねました。彼は物見やぐらに駆け上がりましたが、黄金の道、黄金の果実でいっぱいの黄金の木々、そして純金でできた宮殿を見ると、もう何も言うことがありませんでした。王は、勅使や使者を王国の隅々にまで送り、人々を結婚式へ招待すると広く知らせました。広大な王国の四方から、人々が集まり始めました。

王は、花婿を結婚の祝宴に迎えるため、四頭立ての馬車を差し向けました。御者は馬車を駆り、新しい宮殿の入口で止まりました。

王の使者が、老人にお辞儀をし、一つのパンといくらかの塩を贈り、今や準備の整った結婚の祝宴にお連れするので、花婿を送り出して欲しいと頼みました。

ヘビは、屋根裏部屋の窓から、王の馬車を一目見て、嘆きました。

「王様は、なぜ、あのような軽い夏用の馬車を、私に寄こしたのか？　戻って、馬具を取り付けた二十四頭の馬が引く、二十四の車輪の付いた鉄の馬車を送るよう、王様に伝えなさい」

王は、このことを聞かされ、膝が震え始めました。王は、彼がどのような花婿なのか、想像もつきませんでしたが、花婿の希望なので、馬具を付けた二十四頭の馬が引く、二十四の車輪の付いた鉄の馬車を作るよう命じ、それを老人のところに送りました。

それから、花婿が馬車に乗り込み、儀典官に伴われ出発しましたが、彼の尻尾は、もう三台の馬車で運ばなければなりませんでした。

王は、火をともした松明《たいまつ》、シャンパン、それにありとあらゆるご馳走を用意し、花婿を待っていました。

馬車列が王の宮殿の入口に到着したとき、トランペット奏者がトランペットを鳴らし、楽団員が演奏を始めました。ヘビは、馬車から滑り出ると、テーブルの周りに巻きついたので、客たちは、ベンチでなく、彼の上に座ることができました。

人々が、素晴らしい宴会で結婚披露を祝い、すべての歌とダンスが終わったところで、花嫁と花婿は家に戻りました。王の娘は、新居に入ったとき、見るものすべてに驚きました。彼女は、これまで、王の宮殿でも、これほど豪華なものを見たことがありませんでした。すべては、黄金でできており、言葉で表せないほど美しく、彼女の心を完全に魅了しました。

それから、花婿は、ヘビの皮を脱ぎ捨てると、とてもハンサムな王子に姿を変えました。花嫁にとって、王子を見ることは本当に喜びでした。彼は金の冠を頭に載せ、ローブは頭からつま先まで金の布でできており、金では買えないほど貴重な真珠や宝石で飾られていました。二人は、共にとても幸せに暮らし、誰もが誉め讃えました。


しばらくして、王妃は、娘のヘビとの生活がどのような具合か、見に行きました。

「でも、お母さま、彼は全然ヘビなんかではありませんよ、若い王子です、そしてとてもハンサムですよ。昼間はヘビの皮を被っているけれど、夜はそれを投げ捨て、ベッドの足元に置いているのです」

「もしそうなら、我が娘よ、そなたがしなければならないことが何か、分かりますか？　赤く燃えた石炭の入った盆をベッドの下に置くのですよ、彼が足を伸ばしたときに、皮がその残り火の上に落ち、燃えてしまうように。そうすれば、体を覆うものがなくなり、彼は王子のままの姿でいるでしょう」

娘は、母親の言う通りにしました。彼女は、夜、ヘビが服を脱ぎ、ベッドに入ったのを見て、火をおこし、赤熱の残り火がいっぱい入った盆を、ベッドの足元に置きました。ヘビは、眠りながら足を伸ばしたので、皮が残り火の上に落ち、シューっと音を立てはじめ、ぶくぶくと大きな音とともに沸き立ちましたので、空は鳴り、大地が揺れ、轟音が丘を越え、はるか遠くまで響き渡りました。

王子は目覚めると、妻の頬を叩きましたので、彼女の目から涙が落ちました。三粒の涙が若い娘の帯に落ち、それらは鉄のリングに変わりました。

「私の父の呪《のろ》いにより、私はもう三日ばかりヘビの皮を身に着けていれば、永久に脱ぎ捨てることができたのだ。一体誰がそれを燃やせと言ったのか、ひどいことをしてくれた。今日から、そなたはこの鉄のリングを身に着けねばならない。そなたが、いくつもの丘を越え、はるか遠くまで旅し、水が青く、草原は金色で、草が緑の場所へ辿り着くまで、そのリングを壊すことはできない。そこで、そなたは大声で泣かねばならない」

「ご主人様、私が立っているその上に、あなたの手をかざしてください。リングを外し、私に息子を授けてください！」

王子は振り返りもせず、急いでドアを閉めると、姿を消してしまいました。彼の通り過ぎた後には霧が立ちこめ、大地と空を覆ってしまいました。

娘は一人残され、涙を流し嘆き悲しんでいましたが、ある日、王子を追って、宮殿を後にしました。彼女は歩きに歩いて、丘を登り、谷を下り、〝聖ウェンズデイ（Holy Wednesday）〟のところまでやって来ました。娘は、門を叩き、言いました。

「お願いです、私を中に入れ、一晩休ませてください！」

「お前が正直な娘なら、入りなさい、贈り物を用意しましょう。そうでなければ、立ち去りなさい、ここには鉄の歯を持った小さな犬がいて、お前を粉々に引き裂いてしまうから」

「ドアを開けてください、聖ウェンズデイさま、私は正直ですが、不幸な娘です」

聖ウェンズデイは、ドアを開け、彼女に尋ねました。

「お前は、夫の呪いのために、いくつもの丘を越えはるか遠くまで旅し、水が青く、草原は金色で、草が緑の場所へ辿り着くまで、旅をしなければならないという、王の娘ですか？」

「ええ、私です！」

「入りなさい！お前の顔を良く見せておくれ、お前のことは聞いている、さあ、入りなさい！」

娘が入ると、聖ウェンズデイは、娘を親切に世話し、飲み水の入った水差しと、食べるための聖なるパンを一つ与えました。水差しもパンも魔法の力を持ったものでした。娘が水を飲むと、水差しの水は、すぐいっぱいになりました。パンを食べると、それはすぐに元通りの形に戻りました。最後に聖ウェンズデイは、娘に三つの金のリンゴを与えました。

娘は、これらの贈り物を携え、出発しました。彼女は、暑い夏の日を丸一日、暗くなるまで歩き、ようやく〝聖フライデイ（Holy Friday）〟のところにやって来ました。娘は門を叩き、言いました。

「お願いです、私を中に入れ、一晩休ませてください」

「お前が正直な娘なら、入りなさい、贈り物を用意しましょう。そうでなければ、立ち去りなさい、ここには鉄の歯を持った小さな犬がいて、お前を粉々に引き裂いてしまうから」

「ドアを開けてください、聖フライデイさま、私は正直ですが、不幸な娘です」

聖フライデイは、ドアを開け、彼女に尋ねました。

「お前は、夫の呪いのために、いくつもの丘を越えはるか遠くまで旅し、水が青く、草原は金色で、草が緑の場所へ辿り着くまで、旅をしなければならないという、王の娘ですか？」

「ええ、私です！」

「入りなさい！　お前の顔を良く見せておくれ、お前のことは聞いている、さあ、入りなさい！」
娘が入ると、聖フライデイは、娘を親切に世話し、飲み水の入った水差しと、食べるための聖なるパンを一つ与えました。水差しもパンも魔法の力を持ったものでした。娘が水を飲むと、水差しの水は、すぐいっぱいになりました。パンを食べると、それはすぐに元通りの形に戻りました。娘が去ろうとしたとき、聖フライデイは、彼女に金の糸巻きを贈りました。

娘は出発し、歩きに歩いて、丘を登り、谷を下り、〝聖サンデイ（Holy Sunday）〟のところまでやって来ました。娘は門を叩き、言いました。

「お願いです、私を中に入れ、一晩休ませてください！」

「お前が正直な娘なら、入りなさい、贈り物を用意しましょう。そうでなければ、立ち去りなさい、ここには鉄の歯を持った小さな犬がいて、お前を粉々に引き裂いてしまうから」

「ドアを開けてください、聖サンデイさま、私は正直ですが、不幸な娘です」

聖サンデイは、ドアを開け、彼女に尋ねました。

「お前は、夫の呪いのために、いくつもの丘を越えはるか遠くまで旅し、水が青く、草原は金色で、草が緑の場所へ辿り着くまで、旅をしなければならないという、王の娘ですか？」

「ええ、私です！」

「入りなさい！　お前の顔を良く見せておくれ、お前のことは聞いている、さあ、入りなさい！」

娘が入ると、聖サンデイは、娘を親切に世話し、飲み水の入った水差しと、食べるための聖なるパンを一つ与えました。水差しもパンも魔法の力を持ったものでした。娘が水を飲むと、水差しの水は、すぐいっぱいになりました。パンを食べると、それはすぐに元通りの形に戻りました。娘が去ろうとしたとき、聖サンデイは、彼女に金の糸で縁取りした絹のハンカチーフを与え、門まで見送りました。娘が言いました。

「私は、どこへ向かって行けば良いのか、どの道を行けば良いのか、分かりません」

聖サンデイが、緑の葉を取り出し、それに息を吹きかけると、葉は、草原から草原へ、谷から谷へ飛んで行き、通り過ぎたあとには、王子がいるところへ通ずる小道が現れました。

「彼は、道の向こうの農場にいますよ。彼は妖精の国にやって来て、妖精たちに、物忘れの食べ物と、物忘れの飲み物を与えられたので、お前のことを忘れていますよ。そこに行きなさい。でも、彼は毎日狩りに出るので、屋敷には入らないように。井戸のところで止まり、一日目には、リンゴを取り出し、日光の中に置きなさい。二日目には、糸巻を井戸の縁に置きなさい。三日目には、金の糸で縁取りしたハンカチーフを取り出し、緑の草の上に広げておきなさい。昼間には、妖精たちが水を取りに来ます。妖精たちは、それらを見て、買いたいと思うでしょう。でもお前さんは、それらをお金や宝石や、その他の何のためであれ、売ってはなりません。ただ妖精たちが、お前さんを王子の部屋で眠らせてくれるよう、そのために、それらを譲りなさい。さあ、行きなさい。お前の幸運と旅の成功を祈ります」

娘は聖サンデイに感謝し、出発しました。彼女は歩きに歩き、花々の咲く谷や、小川の流れる草原を過ぎ、とうとう井戸までやって来ました。そこで、彼女は、三つの金のリンゴを取り出すと、それらを日光の中に置いて待ちました。すぐに妖精たちが、水を取りにやって来ました。妖精たちは、これまで一度も、迷い鳥が飛ぶこともなく、旅行者一人見たこともない場所で、娘を見ても驚きませんでしたが、三つのリンゴに驚き、彼女に尋ねました。

「お嬢さん、リンゴを私たちに売ってくれませんか？　誰か他の人が買ってしまう前に、お金でも、宝石でも差し上げましょう」

「お金や宝石のために売りません、もし、あなた方が私を、一夜、王子の部屋で休ませてくれるなら、お金はいりません、それを譲りましょう」

妖精たちは同意しました。彼らは、彼女を農場に連れて行き、夜、王子が狩りから戻ると、物忘れの食べ物と物忘れの飲み物、それにいくらかのケシの種を、王子に与えました。

王子は死んだように眠りに落ちました。それから妖精たちは、娘を彼の部屋に連れて行きましたが、そこで娘は、涙を流し歎願しました。

「ご主人様、私が立っているその上に、あなたの手をかざしてください。リングを外し、私に息子を授けてください！」

娘は、涙を流し嘆き悲しみましたが、王子には何も聞こえませんでした。雄鶏が三度鳴き、夜が明け、娘は、悲しく打ち沈んだ思いで、井戸に戻りました。そこで、彼女は、聖フライデイから譲り受けた糸巻きを、井戸の縁に置いて待ちました。

正午ごろ、妖精たちが水を取りにやって来ました。妖精たちは、金の糸巻を見て大変驚き、尋ねました。

「この糸巻きを売ってくれませんか？　それが私たちのものになるなら、お金でも、宝石でも差し上げましょう」

「お金や宝石のために売りません、もし、あなた方が私を、一夜、王子の部屋で休ませてくれるなら、お金はいりません、それを譲りましょう」

妖精たちは、娘を農場へ連れて行き、夜、王子が狩りから戻ると、物忘れの食べ物と物忘れの飲み物、それにいくらかのケシの種を、王子に与えました。王子は、まるで丸太のように眠りに落ちました。それから妖精たちは、娘を彼の部屋に連れて行きましたが、そこで娘は、涙を流し歎願しました。

「ご主人様、私が立っているその上に、あなたの手をかざしてください。リングを外し、私に息子を授けてください！」

娘は、一晩中涙を流し嘆き悲しみましたが、王子の耳には届かず、目を覚ましませんでした。夜明けに雄鶏が三度鳴き、娘は、悲しく打ち沈んだ思いで、井戸に戻りました。

娘は、井戸の近くに座り、聖サンデイから貰った、金の糸で縁取りした絹のハンカチーフを取り出すと、それを緑の草の上に広げました。夜が近づき、妖精たちが水を取りにやって来ましたが、ハンカチーフを見ると大変驚いて叫びました。

「このハンカチーフを売ってくれませんか？　お金でも、宝石でも差し上げましょう」

「お金や宝石のために売りません、もし、あなた方が私を、一夜、王子の部屋で休ませてくれるなら、お金はいりません、それを譲りましょう」

妖精たちは、ハンカチーフを取り、娘を農場に連れて行きました。

王子が、狩りから戻ると、時告げ鳥が鳴きました。

「コケコッコー！　ご主人様、夫がかかった呪いのために、王の娘が、夜、あなたの部屋に入り、涙を流し嘆き悲しみ、『ご主人様、私が立っているその上に、あなたの手をかざしてください。リングを外し、私に息子を授けてください！』と懇願するのも、もう三晩目ですよ」

王子は突然思い出し、涙が彼の目に溢れました。部屋に戻りましたが、熱に浮かされたようでした。妖精たちは、物忘れの食べ物、物忘れの飲み物、それにケシの種を持って行きましたが、王子は余りにも長いこと妻に会わなかった悲しみで、食べることも飲むこともできませんでした。真夜中に、王の娘が彼の部屋に入り、涙を流し、歎願しました。

「ご主人様、私が立っているその上に、あなたの手をかざしてください。リングを外し、私に息子を授けてください！」

王子が、娘を抱擁し、その手をリングの上に置くと、リングはすべて壊れ、娘は七歳の子を産みました。王子は大変喜び、中庭に出て、耳をつんざくような口笛を吹きならすと、たちまち、大きいもの、小さいもの、目に見えるもの、見えないものなど、多数のヘビが彼の周りに集まりました。

「お呼びでしょうか、ご主人様？」

「二十四頭立ての馬車を用意してくれ、家に戻る！」

二十四頭立ての白馬の馬車が、まるで大地から出てきたように現れました。王子と、王の娘と彼らの子どもが、馬車に乗り込み、彼の王国と宮殿に向け出発しました。妖精たちが出てきて、王子の足元に跪《ひざまず》き、これからは何なりと言うことを聞くので、ここに残って欲しいと懇願しましたが、王子は旋風《つむじかぜ》のように走り去り、姿を消してしまいました。王子は、老人と老女の元に帰り、それから後は、皆、幸せに暮らしました。

第六話　貧乏なイオンと湖の妖精

昔むかし、はるか遠くの国のあるところに、生まれてこの方、大地主の下で農場労働者として働いてきた一組の男女が住んでいました。しかし、彼らの労苦にもかかわらず、少しも良いことがありませんでした。服は着古したものしかなく、働いて賃金を得ても少しも残らず、牛の世話をすれば、みな死んでしまうのでした。不幸が二人に付きまとい、それは終わりがありませんでした。二人は、辛い労働と様々な苦労のために、小屋と小さな土地を残して、死んでしまいました。彼らの一人息子は、イオンという名前ですが、孤児としてその土地に残されました。彼を助けてくれる者は、どこにもいませんでした。

少年一人で、何ができるでしょう？　彼は、小屋の周りに小麦の種を蒔きました。

時が過ぎ、小麦が元気に成長するのを目にするのは、本当に喜ばしいことでした。小麦は根元の一番下から一番先まで、黄金の穂をいっぱい実らせました。

「さあ」イオンは言いました、「麦粒を落とさず麦を刈るために、良い鎌を見つけなければならないぞ」

彼は市場に行き、それから何軒かの鍛冶屋に行って鎌を買い、小麦を刈って積みわらにしようと戻りました。しかし、彼が畑に近づいて見ると、小麦の実はおろか、麦わらさえもすべて鳥たちに食べられてしまっていたのでした。

少年は、貧乏なままで、食べるものは何もありませんでした。

少年は、しばらくがっかりした様子で歩いていましたが、それから、「畑にソバの種を蒔こう、今年はいくらかソバの実を収穫できるだろう」と、考えました。

彼がソバの種を蒔くと、ソバは元気に芽を出し、花をつけましたので、豊かな実りをもたらすと思われましたが、ある夜、真っ白な霜が降り、ソバはすべて根元から穂の先まで凍ってしまいました。

少年は、大きな災難に襲われたと知り、広い世界に出かけて行きました。彼は、歩きに歩き、人跡未踏の丘を越え、誰も知らない谷を抜け、とある屋敷にやって来ました。彼はそこに留まり、一年の間働きました。一年後、彼は報酬として一匹の仔牛を貰い、喜んで家に向かいました。その途中、休息をとろうと森の外れで足を止めたのですが、森から数匹の狼が飛び出して来て、仔牛を食べてしまいました。

可哀そうなイオンに何ができるでしょう。彼は屋敷の主《あるじ》のところに戻りました。主は、農場での臨時の働き手として、彼を雇うことに同意し、こう言いました。

「さて、イオン、どんな報酬が欲しいか言いなさい。何であろうと、お前が望むものを与えよう」

イオンは、当たりを見回し、石臼を目に止めました。

「分かりません、ご主人様、何のために働くのか、私は不運な人間なので……。でも、報酬としてあの石臼をいただくということで、いかがでしょうか」

「何と哀れな、少年よ、何の望みもなく働くことができるだろうか」主は言いました、「他の希望を言いなさい」

「私は、牛などはもう欲しくありません。あの石臼をいただきたいと思います」

主はこれを聞き届け、少年は真面目に、そして熱心に働きました。約束の期限が来て、イオンは石臼を貰い、それを家に持ち帰り、小屋の前に置きました。彼は、泉で水を汲んだ木桶を石臼の上に置くと、あたかも大きな富を持ったかのように、嬉しくそれを眺めました。

しかしある日、ひどい嵐がおこり、空は黒い雲で覆われ、激しい雨が襲い始めました。石臼は落雷に打たれ、粉々に砕けてしまいました。

イオンは粉々に砕かれた石臼を見て、「私は、麦やソバも手にできず、牛や石臼さえも手に入らない不幸者なのだ。もっと広い世界に出かけ、別の運命、別の幸運を探してみよう」と呟きました。彼は持ち物を鞄に詰めると、これまでになく沈んだ気持ちで出発しました。

彼は、ひと夏中歩き続け、とても立派な森までやって来ました。そこには一人の男がいて、干し草を積んでいました。

「やあ、そこの若い人、干し草を積むのを手伝ってくれないか。もたもたしていると、日が沈んでしまうからね」

「良いですよ、手伝いましょう。仕事を探しているので、手伝えないということはありません」

彼らは一緒に干し草を集め、夜までに積み上げることができました。男は、報酬として支払う現金を持っていなかったので、一羽の雄鶏をイオンに与えました。

イオンは雄鶏を携えて、さらに先へ進んで行き、皇帝の宮殿に辿り着きました。彼が門を叩くと、衛兵が出てきました。

「何か用か?」

「皇帝に、私の悩みを聞いていただきたいのです。皇帝は私を哀れんでくださるのではないでしょうか」

衛兵は、イオンが中庭に押し入るようなことがあれば、彼を捕まえ投獄すると告げました。三日三晩、イオンは何も飲まず、食べず、皇帝の門前で待ちました。

三日が経ってようやく、皇帝はイオンの泣き声を聞き、尋ねました。

「あそこに誰がいるのか？」

「陛下、もう数日間、一人の男があそこに立ち、陛下にお話したいと待っています」

「行って、その者を呼んで来なさい」

衛兵は門に行き、宮殿の中に入るよう、イオンに告げました。哀れなイオンは、雄鶏を脇に抱えて宮殿に入り、お辞儀をしました。

皇帝が彼に尋ねました。

「そなたは何を悩んでいるのか、またなぜ雄鶏を脇に抱えているのか？」

「私の運命を正しく告げてくださる方に、この雄鶏を差し上げようと、やって来ました」

「そなたの悩みが何か、話してみよ」

「陛下、私の両親は、生涯を通じて働き詰めでした。そして、私も夜明けから日没まで働きましたが、我が家には何も残りませんでした」

皇帝は眉をひそめました。

「さて、旅人よ、そなたは今自分がどこにいると思っているか。誰が宮殿に雄鶏を持って行ったら良いと勧めたのか？　そなたはわしを揶揄《やゆ》しようと考えたのであろう？　そなたが望むようなことができる皇帝など、いよう筈《はず》がない。立ち去れ、もう来てはならぬ。さもなくば、そなたの首は刎《は》ねられようぞ」

若者は、宮殿に入ったときより、いっそう沈んだ気持ちで、そこを後にしました。彼は、真実を探し求め続けましたが、叶いませんでした。

彼は再び旅立ち、長い時間、長い道のりを歩き、十字路のところまでやって来ました。そこで、こちらにもあちらにも曲がらず、真っすぐ進むと、彼は、赤々と燃える炎と、足まで届きそうなあご鬚を蓄えた隠遁者を目の当りにしました。隠遁者は彼に声をかけ、尋ねました。

「お前さんは、雄鶏を持って、どこへ行こうとしているのかね？」

若者はこたえました。

「私の運命を判断してくれる者を探し、そのお返しに、この雄鶏を差し上げるために、世界中を歩いているのです」

隠遁者が、また尋ねました。

「何を困っているのかね？ お前さんが見つけたいと思っているものが何か、話してごらん」

「私の両親は、生涯を通じて働き詰めでした、そして私も、夜明けから日没まで働きましたが、私の家には何も残りませんでした」

「若者よ、お前さんに正しいこたえを与えるのは、簡単なことではない。誰も、お前さんの運命を告げることはできないよ。結婚してみてはどうかな、妻と一緒なら、幸運に巡り合うのも、より簡単だろう」

若者は隠遁者に雄鶏を与え、隠遁者は木立や森を抜ける道を、彼に教えました。

「この道を、柳の木立に辿り着くまで行くがよい。そこでお前さんは、ミルクの湖を見るだろう。そこには三羽の鳥が、沐浴しようと飛んでくる。鳥たちは、岸辺に翼を残し、妖精に姿を変える。一人は、花と芝色のドレスを着ており、二番目は、夜明けの月のようなドレスを着ている、三番目は、彼女が一番若いのだが、日光を放つ太陽ほど素晴らしいドレスを身に着けている。お前さんは、湖の岸辺から、一番若い妖精の翼を取り、泉の砂の中にそれを隠して、彼女が〈出て来なさい、姿の見えない人よ。あなたは私のものになるでしょう、私はあなたのものになりましょう！〉と、三度叫ぶまでジッとしているがよい。それから姿を現せば、彼女はお前さんのものになろう。彼女はお前さんの妻になるのだから、仲良く暮らさねばならないよ」

「さようなら、ご老人、ご健康を！」

「幸運と成功を祈る！」

若者は出発しましたが、歩いている間、目にするのは緑の森ばかりでした。それから歩き続け、ようやく柳の木立までやって来ると、さらさら流れる泉の音が聞こえました。若者はそこで足を止め、長い旅の後でしたので、休息し食べ物を口にしました。泉に近い湖の岸辺に座り、彼は全身を目と耳のようにして、鳥たちが沐浴にやって来るのを窺っていました。

夜遅く、月が空高く上がったとき、三羽の鳥が湖に飛んで来ました。彼らは、翼を岸辺に残すと、とても美しい三人の妖精に姿を変えました。一人は花と芝のようなドレスを、二番目は夜明けの月のようなドレスを着ており、一番若い三番目は、太陽と日光のようなドレスを纏《まと》っていました。それはあまりに輝かしく、彼女が歩く道の辺り一面を、明るく照らし出していました。三人は、岸辺の草に立ち、それから沐浴しようと、踏石伝いにミルクの湖に入りました。

イオンは、一番若い妖精がどこに翼を置いたか、注意深く見ていました。彼は、素早く忍び寄ると、それを掴み、泉の砂の中に隠しました。それから彼もその窪みの陰に身を潜めました。

妖精たちは、しばらく沐浴し、それから岸に戻って来ました。年上の妖精たちは、翼を身に着け、飛び去って行きましたが、一番若い妖精は、翼を取り戻そうと、涙を流して泣きました。それが叶わなければ、彼女は世界中を涙で水浸しにしてしまうでしょう。

するとたちまち、たくさんの黒雲が湧き上がり、雷と稲妻が轟き、大地がちりぢりに引き裂かれそうになりましたが、若者は、泉の砂にうずくまっていたので、目蓋一つ動かすこともありませんでした。

柳の木立に誰もいないことを知ると、妖精は泉にやって来て、言いました。

「私の翼を取ったのは誰？　もしそれがご老女なら、彼女を私の母にいたしましょう、もしそれがご老人なら、彼を私の父にいたしましょう、もしそれが若い女性なら、彼女を私の姉妹にいたしましょう」

イオンは黙っていました。

それから彼女は叫びました。

「出てきなさい、姿の見えないあなた！　もし、あなたが若い男性なら、あなたは私が死ぬまで、私の夫となるでしょう！」

イオンは、彼女がこれらの言葉を三回叫ぶまで、こたえませんでした。ようやく彼女が三回叫んだところで、彼は、姿を現し尋ねました。

「私たちは、結婚式を挙げましょうか？」

「そうしましょう」彼女は、イオンを真っすぐ見て言いました。

妖精が、共に死を迎えるまで永遠に、彼の妻となることになったので、彼は姿を現し、二人は互いに顔を合わせ、抱擁し、キスをしました。

朝になって、二人は運命を共にするため、習わしに従い、結婚式を挙げることにしました。その時、太陽が顔を出しましたが、太陽は、余りにも美しい花嫁を目にして、石のように固まってしまいました。太陽も、このような妖精を手に入れたかったのでした。太陽は突進すると、彼女を摑まえ、天空の王国に連れて行ってしまいました。

哀れな若者は、これまで何度も見舞われたように、深い悲しみと後悔に苛まれました。

「情けない」彼は言いました、「この世では、私は何一つ恵まれないのだ」

彼は、ひと月、あるいは一年なりと雇ってくれるところを求めて、さ迷いました。

こうして、彼は町にやって来ました。ちょうどその時、皇帝からの知らせを携えて、使者たちがやって来て、三日間太鼓を打ち鳴らしました。使者たちは、次のように宣言しました。

「皇帝は、その頂が空まで届き、枝々がいくつもの海を覆いつくす、大樹を所有されている。勇敢にもこの木に登り、皇帝に何らかの果実を持ち帰る者があれば、帝国の半分が与えられるであろう」

多くの者が木に登ろうとしましたが、皆落ちてしまい、立ち上がれなくなってしまうのでした。

イオンは、ある日皇帝のところに行き、言いました。

「陛下、私を木に登らせてください」

皇帝は、これを許し、彼は枝から枝へ、空へ向かって木を登り始めました。疲れたときには、枝でベッドを作り、休みました。彼は登って、登って、天空の宮殿までやって来ましたが、そこでは木が三つの枝に分かれていました。一つは東向きに、二つ目は南向きに、三番目は西向きに。東向きの枝にはいっぱいのリンゴが実り、南向きの枝にはいっぱいの梨が実り、西向きの枝にはいっぱいのハシバミが実っていました。彼は、南向きの枝に登り、梨を食べ始めました。

太陽が彼を見て、言いました。

「こんにちは、若者よ！　そこで何をしているのかね？」

「こんにちは！　私は、木の実を食べているのですよ」

「私は、三日前に婚約し、結婚式を祝いたいと思っているのだが、私の王国に来て、太陽光を操る仕事をしてくれないかね」

「参ります、参りますとも！　その代わり、金貨の入った財布三つと、日に四度食事を頂かねばなりません」

「そなたの望みのものを、いくらでも与えよう。金貨と食べ物は、日の出には〝痩せの紡ぎ鳥（Birdie-Flatbody-Spin-Out）〟が、昼には〝白霜オジサン（Uncle White Frost）〟が、昼過ぎには〝鉄頭のオオカミ（Wolf-Iron-Head）〟が、夕食は、岩をも溶かし雨を支配する〝金の鱗の龍（Dragon-Gold-Scales）〟が届けるであろう。金の鱗の龍は、稲妻と雷をも司っているのだが。賛成かね？」

「賛成です」

「では、太陽の王国のことを頭に浮かべ、〈ホップホップ、私の考えているところに連れて行け〉と言わなければいけないよ」

イオンは言いました。

「ホップホップ、私の考えているところに連れて行け！」

彼は、そう言ったかと思うと、もう太陽の宮殿にいることに気付きました。

哀れなイオンは、疲れすぎていました。太陽は彼を食卓に招き、丁重にもて成し、それから彼を光のところに連れて行き、どのようにそれを操るのか見せました。イオンは、夜明けから日没まで、言われた通り正確に仕事をこなしました。

朝食を摂ろうと、黄金の庭園にやって来た時でしたが、痩せの紡ぎ鳥は食事を持ったまま、急ぐ様子もありませんでした。イオンは、彼がやって来るのを見て、遠くから叫びました。

「おい、痩せの紡ぎ鳥よ、私は腹ペコなのだ」

しかし、痩せの紡ぎ鳥はこたえました。

「勇敢な若者よ、あなたは、太陽の光を操るという、たった一つの他、何の仕事もないが、私は鳥たちの親方なのです」

「それで、どんな仕事をしているのかね」

「私は、鳥たちに、どこへ行き、何をしたら良いのか、指図しているのです。貧しい人のところに行って、小麦の穂の実を食べてはいけない、金持ちのところに飛んで行くようにと、忠告しているのです」

イオンは、突然彼に飛びかかると、その胸ぐらを摑んで乱暴に揺すり、拳で殴りました。

「おい、若者よ、なぜそんなことをするのだ?」

「とぼけているのか? なぜお前は、スズメたちに私の小麦の穂から実を食べさせたのか? お前は年寄りなので、勘弁してやるが、そうでなければ私から逃れられないところだった」

イオンは、彼を放してやり、光を操る仕事に戻りました。

昼食時、イオンは太陽の王国の別の黄金の庭園にやって来ました。白霜オジサンは遅れて昼食を運んで来ました。イオンは、この召使を目にし、叱り始めました。

「なぜ、昼食を持って来るのが遅れたのか？」

白霜オジサンはこたえました。

「あなたが、太陽の光を操るという仕事以外何も持たないのは、神の賜物。私ときたら、白霜、灰色の霜、吹雪、大吹雪の親方なのです」

「おう、そうなのか！　それで、彼らに何を指図しているのかね？」

「貧しい人のところへ行って、作物を凍らせてはいけない、金持ちのところに行くようにと告げています。金持ちは大きな畑をたくさん持っていますが、彼らは、そのことを知りもしないのです」

イオンは彼に突進し、そのあご鬚を掴むと、彼を殴り始めました。

「あなたは、なぜ殴るのですか？」

「もちろん、なぜ殴るのか知っている！　お前がある晩、私のソバを凍らせたので、翌朝にはすべての株が朽ち果て、私の手元には何も残らなかったのだ」

白霜おじさんは、食べものを置いて、命からがら走り去りました。

イオンは食事をすると、仕事に戻り、風の流れに沿いながら、空と大地に光を送りました。


昼過ぎ、イオンは、太陽の王国の黄金の庭園に足を踏み入れ、誰が夕食を運んでくるか、道の向こうを眺めました。座って待っていると、鉄頭のオオカミが姿を現しました。

「もっと早く来なさいよ、オオカミさんよ。お前さんがやって来る道を眺め、待っているのに疲れたよ」

「あなたは、光を操るという一つの仕事しかしていないが、私はたくさんの仕事を持っていて、説明するのも大変なくらいなのです」

「それで、お前さんの仕事というのは？」

「私はオオカミたちの皇帝なのです。私は、オオカミたちに、何をすべきかを言い、彼らのめんどうを見ていますが、貧しい人の牛を食べには行かせず、満足するまで食べられる、地主たちの牛の群れのところに行かせています」

「おお、オオカミの皇帝よ、私は一年もの間、仔牛の世話をし、その仔牛を連れて家に帰ろうとしたのだが、森の外れで、お前さんが寄こしたオオカミたちが、それを食べてしまった。私は悲しみのあまり、死ぬところだった」

イオンは、彼を叩き始めましたが、鉄頭のオオカミは、からくも走り去ってしまいました。夕食が終わると、イオンは光を操る仕事に戻りました。彼は、日没まで、風の流れに沿いながら、空と大地に光を送りました。

日没後、彼は黄金の庭園で足を止めました。

「私は、腹ペコで死にそうだが、龍はまだ来ないな」

しばらくすると、丘から丘へ、谷から谷へ、飛び跳ねる龍の頭が見えました。イオンは、遠くから叫びました。

「急げ、龍さんよ、私は、お腹が痛いくらい腹ペコなのだ。なぜ来るのがそんなに遅いのか?」

「あなたは、光を操るという一つの仕事しか持っていないが、私は、何から始め、どこまで終わらせたらよいのか、分からないくらい、たくさんの仕事があるのですよ」

「で、お前さんが、しなければならないこととは何かね?」イオンは、尋ねました。

「ご存知かも知れないが、私は、岩を煮えたぎらせ、豪雨を降らせ、雷を落とさねばならないが、貧しい者の家は、彼らが避難場所に行かずに済むよう避け、金持ちの家を襲うのですよ」

イオンは、たちまち彼の首根っこを鷲づかみにしました。

「どうして私の石臼を壊すようなことができたのだ。私は、それを得るために一年も働き、大事にしていたのだ」

イオンが、冷淡な言い方をしたので、龍は、ここまでやって来た道を、どう戻って良いのか途方に暮れてしまいました。イオンは夕食を摂ると、光を操る仕事に戻りました。

夜、イオンが宮殿に戻った時、太陽が結婚式の準備をしていました。が、彼が誰と一緒だったと思いますか？　あの一番若い妖精と一緒だったのです！

イオンは、あまりに深く悲しみ、落胆し、斧を取ると、黄金の庭園の太陽の通り道の木々を打ち倒し始めました。

太陽の供のものすべて、痩せの紡ぎ鳥と白霜オジサン、それに鉄頭のオオカミ、そして金の鱗の龍が、その日、太陽のところにやって来て、雇われ者のイオンにひどく叩かれ、危うく命を落とすところだったと、訴えました。

太陽が、イオンのところに来て、尋ねました。

「そなたは、なぜ、痩せの紡ぎ鳥を叩いたのか？」

「私は、彼を強く叩きました。なぜなら彼は、鳥たちに私の畑の小麦を食べさせたからです。どんな畑だったと思いますか！　どの小麦も、根元から穂先まで、黄金の実でいっぱいだったのです」

「そういうことなら、痩せの紡ぎ鳥に罪がある。では、白霜オジサンは？　なぜお前は、彼の鬚を摑んで、殴ったりしたのか？」

「彼は、私のソバ畑を凍らせてしまったからです。ソバの花が咲いていましたが、すべて枯れ、私の手元には何も残りませんでした」

「本当にそうなら、白霜オジサンに罪がある。でもなぜお前は、鉄頭のオオカミを叩いたりしたのか？」

「叩かずにいられましょうか、もし彼が、私が一年もかけ面倒見てきた仔牛を、オオカミたちに思う存分食べさせたとしたら」

「そうであれば、それは当然の報いだ！　では、なぜ、金の鱗の龍を罰したのか？」

「彼は、私が丸一年大事に手入れしてきた石臼を、落雷で粉々に砕いてしまったからです」

「それなら、致し方ない。しかし、私のことだが、そなたが私の黄金の庭園の木々を倒し、私の歩く道という道すべて塞いだのは、私にどんな罪があるというのか？」

「あなたは、私の妻を連れ去ったので、それはあなたのせいです」

太陽は、美しい妖精を呼び、彼女に尋ねました。

「美しい妖精よ、そなたは誰のものか？」

「私は、可哀そうなイオンのものです」

「そういうことなら、そなたは彼女を連れ、行くが良い！　誰であれ、人の家族を邪魔する者は、天界にも地上にも居所はないのだ」

そこで、妖精が言いました。

「ああ、大事なイオン！　私は、あなたが私を地上に連れ帰り、結婚式を祝えるよう、長いこと待っていました」

イオンと美しい妖精は、登ってきた木に戻り、リンゴ、梨、そしてハシバミの実を摘んで、下へ降りて行きました。


イオンは、果物を持って、真っすぐ皇帝のところに行きました。皇帝は、果物を携え、あまりにも美しい乙女を伴ったイオンを見ると、心臓が口から飛び出しそうになり、その顔は暗く沈みました。皇帝は、この美しい妖精と、帝国すべてを、何としても自分のものにしたいと望んだのでした。欲深な皇帝は、すぐに会議を緊急に招集し、どうしたら良いか、皆に相談しました。

「その者の首を刎ねるべきです！」顧問たちが助言しました。

「どういうことかね？　何の罪もない彼の命を、どうして奪うことができようか？」

「では、陛下、彼を殺さずに、いくつかの難しい仕事を与え、彼が約束を果たせないところで、処刑してはどうでしょうか。彼に、宮殿の周りに見渡す限り大きい葡萄畑を作り、明日までに、葡萄の木を成長させ、熟れた葡萄の房が枝から垂れ、陛下のベッドからでも摘み取ることができるようにせよと、命じてください」

皇帝は、イオンを呼んで言いました。

「そなたが立派な人物である、ということは分かった。木に登ったすべての者のうち、果実を持ち帰ったのは、ただそなた一人であった。わしは、そなたに帝国の半分をやらねばならないのだが、その前にもう一つ、わしの命令にこたえねばならない。明日の朝までに、わしの宮殿の周りに、見える限り遠くまで、葡萄を植え、それが成長し、わしが朝目覚めたとき、宮殿の中にも葡萄の房が垂れ、わしのベッドからでも、それに触れることができるようにせよ」

「分かりました、陛下！」イオンは、悲しくなりましたが、いずれどこかで正義が行われるだろうと考えながら、こたえました。

彼は、妖精のところに戻り、言いました。

「私が、帝国の半分を手にすることができるかどうか、分からない。どうも首を刎ねられそうだ」

「え、なぜ？」

「皇帝が、私にどんな命令を与えたか、聞いてくれ。一晩のうちに、葡萄の実をつける葡萄畑を作れと言うのだ！　これまでに誰が、このような話しを聞いたことがあろうか？」

「あなたにそのような命令をする者は、あなたに良いことをしようと思っていません、殺そうとしているのです。悲しまないで、落胆しないで。あなたが私から取った翼を返し、休んでいてください、あなたは疲れ切っているので」

イオンが寝ている間、妖精が翼を二つに分けると、二頭の大きなライオンが、まるで大地から飛び出して来たように現れました。

ライオンたちが尋ねました。

「何をお望みですか、ご主人様？」

「お前たちに、宮殿の周りの丘が見えますか？」

「はい、見えます」

「お前たちは、あの丘を平らにし、明日の夜明けまでに、目の届く限り大きな葡萄畑を作り、葡萄が実り、皇帝が朝目覚めたとき、ベッドから葡萄を摘み取ることができるようにしなさい」

二頭の大きなライオンが、ひとたびヒューと合図を送ると、たくさんのライオンが、大地から現れ出ました。ライオンたちは、木々の葉ほど数多く、稲妻のような素早さでした。二頭の大きなライオンは、彼らを周囲一帯に送り、働かせました。ライオンたちは、命令された通り、丘を低地に変え、葡萄畑を作りました。彼らは皆、夜を徹して働きました。ある者は耕し、ある者は葡萄の木を植え、ある者は蔓を支柱に括り、他の者は剪定しましたので、その日の夜明けまでに、葡萄はちょうど摘むことができるほどに実りました。

日の出とともに、籠いっぱいの葡萄が、宮殿に送られてきました。

妖精はイオンを起こしました。

「さあ、あなた、イオン、起きて葡萄をご覧なさい」

イオンが見回してみると、目の届く限り遠くまで広がる葡萄畑が、目に飛び込んで来ました。

皇帝は、熟した葡萄を食べ、バルコニーに出てくると、広大な葡萄畑を見て、驚きました。ちょうどその時、顧問や貴族たちが、彼のところにやって来て、言いました。

「イオンはやり遂げてしまいました、陛下、しかし今度は、自らを奏でる魔法の笛を、深い海の底から持って来るよう、彼を送り出してはどうでしょうか」

衛兵が、イオンを訪れ、皇帝の命令を伝えました。

イオンは、悲しく重い心で妖精のところに戻り、言いました。

「今度は、皇帝は、私にこのようなことを命令してきました」

「彼は、あなたを殺そうというつもりで、難しい任務を与えているのです。深い海のそこには、悪魔たちの隠れ家があるのですが、ただ彼らだけが、そのような笛を作ることができるのです」

妖精は、自分の指から指輪を外し、それをイオンに与えながら、言いました。

「さあ、これをお取りなさい。どうしようもなくなった時、それがとても役に立つことでしょう。あなたが、私に会いたくなったら、これを地面に転がし、その後を追いなさい。あなたの旅が成功するよう、幸運を祈ります」

イオンは、彼女に別れを告げ、出発しました。

山や　渓谷に　添い
丘を上り　谷を下り
見たこともない　いくつもの　小道を　歩き
そして　緑の森々を　抜け

彼は、海岸までやって来ました。イオンは、悲しみと後悔に襲われ、その場に座り込み、悲哀と苦痛の、深いため息をつきました。

「おう、おう、おう！」

ちょうどその時、一人の男が彼の前に現れ、言いました。

「私は、〝ため息男〟だが、なぜ、私を呼んだのですか？」

イオンは、涙を流しはじめ、訴えました。

「皇帝が、海の底から、自らを奏でる笛を持って来るよう、私に命令したというのに、どうしてため息もつかず、涙を流さないでいられようか。いったい、海の中で、どう探せば良いのか？」

「悪魔どもは、海の底で七年もの時をかけ、その笛を作ることができるのです。その間ずっと、あなたはしっかり目を開け、ほんの一瞬でも居眠りをしてはいけません。寝ないと約束できますか？」

「約束する」

そこで、溜息男は、イオンを抱えると背中に担ぎ、海の底へ連れて行きました。そこには、悪魔たちの支配者〝モモン〟がいて、イオンに尋ねました。

「お前は、ここに、自ら望んで来たのか？」

「いいえ、私は、心ならずもやって来たのです」

「そうか。それなら殺さずにおこう。さもなくば、お前は酷いことになっていたところだった」

そして、モモンは、もしイオンが七年の間眠らなければ、悪魔たちがイオンのために、自らを奏でる笛を作るだろうと言いました。

その時から、悪魔たちは、笛作りのために、休まず働き始めました。彼らは、三年間働き続けましたが、その間ずっと、イオンは目を閉じませんでした。三年経った後、彼は睡魔に襲われ、居眠りをし始めました。

「イオン、イオン、何しているんだ、眠っているのか？」

「いや！　眠ってなんかいません！」

「眠らないよう、注意せよ、さもなくば、笛を直ちに壊してしまうぞ！　我々には、お前が居眠りをしているように、見えるがね」

「私は、ただ座りながら、草原の草葉と森の木の葉の、どちらが多いのか、考えていただけです」

海の底の悪魔たちは、長いこと考えていましたが、どちらの葉のことも知りませんでした。

「ちょっと待ってくれ。我々は、出かけて行って数え、それからお前に教えるとしよう」

海の底のすべての悪魔が出かけ、草原と森の葉を数え始めました。彼らが地上を、遠くまであちこち歩いている間、イオンは眠り、そして目覚める十分な時間を持つことができました。

悪魔たちは、数え終わって戻ると、イオンに言いました。

「草原の葉の方が、森の木の葉より、一枚多かったよ」

そしてまた、彼らは、昼も夜も働き始めました。三年経ち、笛は、飾りを施し、磨きをかけるばかりに仕上がりましたが、イオンは、またしても睡魔に襲われ、居眠りをし始めました。

「イオン、イオン、そこで何をしているのか？　眠っているのか？」

「私は、海の中の魚と砂の、どちらが多いのか、考えていたのです」

悪魔たちは、考えてみましたが、分からず、知りたいと思い、また数えに出かけて行きました。イオンは一人残され、眠るのに十分な時間を持つことができ、それから目覚めました。

悪魔たちが、海の中の魚と砂を数えるためには、たくさんの時間がかかりました。イオンは目覚め、指輪に目を落とすと、妖精のことを思い出しました。恋しさでいっぱいになり、イオンは、飾りを施され磨かれるのを待たずに笛を手にして、指輪を転がすと、その後を追い、海岸までやって来ました。海岸に上がろうとした時、悪魔たちが追いついてきました。

「止まれ、イオン！　我々は、笛を完成せねばならない。飾りをつけ磨くだけなので、仕事はすぐ終わるよ」

「このままで良いですよ！　音色も問題ないので、装飾がなく、磨かれていないけど、持って行きますよ」

そして、歩を進めると、イオンは指輪の後を追って、人気のない草原の草を踏み、草露を払いながら、宮殿までやって来ました。

イオンは、宮殿の門を叩き、叫びました。

「開けてください、皇帝陛下、私は、自らを奏でる魔法の笛を持ってきました」

皇帝が、すべての顧問や貴族を伴い、出てきました。

皆が彼の周りに集まったところで、イオンは笛を取り出し言いました。

「魔法の笛です！」

「そうか」

「宮廷の皆が踊るよう、舞曲を演奏せよ」イオンが笛に言いました。

笛が舞曲を演奏し、すべての宮廷人は、最後まで踊りました。

「陛下、手に入れるよう命令された、自らを奏でる笛をお受け取りください」

皇帝は笛を手にし、一方イオンは、宮廷を出て、妖精の待っているところへ向かいました。そこで、彼はベッドに倒れ込むと、長旅と睡眠不足で疲れ切っていたので、三日と三晩、深い眠りに落ちました。


皇帝と宮廷人、それに貴族たちは、魔法の笛を試そうと、笛に向かって言いました。

「魔法の笛よ、私たちが踊れるよう、いくつかの舞曲を演奏してくれ！」

笛が舞曲を演奏し始め、皇帝や宮廷人たちが、踊り始めました。一つが終わると、次の演奏が始まりました。笛には、石さえも踊り回るような魔法がかけられていたので、皇帝や宮廷人たちは、互いに競い合うように踊りました。彼らは皆、踊りに踊り、誰もが倒れるまで踊りましたが、演奏を止めるよう、どう笛に言って良いのか分からなかったので、また踊り続けました。

三日後、イオンは、何かが音を奏で、彼に何かを言っているのを聞きました。

「イオン、起きなさい。皆、踊り狂って死んでしまったので、宮殿に行き、顧問や貴族たち、それに皇帝を宮殿の外に出しなさい。これからは、もう心配しなくて良い、お前を死に追いやるような、厄介な命令を出すものは、誰もいないのだから。私は演奏を続け、お前を皇帝や顧問たちから、救い出したのだ。今や、お前は宮殿の主となり、帝国は国境の端から端まで、お前のものだ」

それは、魔法の笛の声でした。

イオンは、笛の言葉に従い、王国を支配しました。他に、彼は何をしたでしょう？　彼は、風に乗せて、村々や町に手紙を送り、すぐに結婚式を祝うと報せました。王国は考えが及ばないほど大きかったので、たくさんの人々が集まりました。イオンは、ご馳走いっぱいのたくさんの食卓と音楽家たちの演奏で、結婚式を祝いました。こうしてお話ししている私も、結婚の祝宴に参加して、三日三晩、素晴らしいひと時を過ごしたのです。

それから　糸紡ぎに　乗って、私は　急いで　走りました、
今　そうしたように、皆さんに　お話するために。

第七話　フェザー王

昔、年老いた妻を持つ、一人の老人がいました。二人は、長い時を生き、残りの日々も終わろうというときに、男の子を授かりました。子どもをどう育てれば良いのか、この世での生き方をどう教えれば良いのかと思案していたその時に、二人は亡くなってしまい、少年は一人きりになってしまいました。家には、ただオス猫の〝トムキャット〟が残されていましたが、猫の彼に、何ができるでしょう？　トムキャットは、孤児を育て始めました。彼は、少年に食べさせるため、パンやハムやチーズを求めて、食料庫を覗き、納屋を探しました。しかし、暖をとるための火をつける者は誰もおらず、男の子に着せる服もありませんでした。トムキャットは、何を考え出したでしょう？　彼は、羽毛のベッドを持って来ると、へりの縫い目をほどき、羽毛の中に少年を押し込みました。少年は何の問題もなく、そこで暮らしました。羽毛のベッドの中は快適で暖かく、トムキャットは食べ物をベッドまで持って行ったのでした。彼は、とても熱心に少年の世話をし、少年を〝フェザー（feather：羽毛）〟と呼ぶことに決めました。

少年が大きくなった時、トムキャットが言いました。

「さて、若者よ、お前を結婚させようと思うのだが」

「それで、私を誰と結婚させるつもりですか？」

「王様の娘だよ」

「それは、決してあり得ません！」

「お前にもいずれ分かるだろう。他に誰がいるというのかね」

トムキャットは、王様の娘はとても美しいと聞いていたので、翌朝早く起きると、王様に会いに行きました。途中で、野ウサギに出っくわしました。トムキャットは野ウサギに驚き、野ウサギもトムキャットに驚き、二匹は、一方はこちらへ、他方はあちらへ逃げ走りましたが、小山の陰で、また顔と顔を突き合わせてしまいました。

「どこにいくのかね、トムキャット？」

「わしは、この村では静かに暮らしていけないと、王様に苦情を申し立てに行くところだよ。人間は、わしを追いかけ回し、叩き、エサもくれないのだ」

野ウサギも不平を言いました。

「やつらは、私が、野原で静かに暮らすこともさせてくれない。猟犬で私を追い回し、鉄砲で撃ち、私を捕まえようと、罠をしかける。わずかでも静かに休める場所さえ、見つけることができない。私も、王様に苦情を訴えよう」

「どうかな、そうしたければ行っても良いが、王様は、お前さんを助けてくれないだろうから、無駄になるだろう」

「なぜ、助けてくれないのだ？」

「私は、この村で、ただ一匹の猫なので、王様は、わしの話しを聞き、助けてくれるだろう。だが、お前さんについては、数百匹の野ウサギがいるというのに、お前さんの外には、誰も文句を言いに来なかったと、王様は言うだろう。五十匹の野ウサギでもいれば、話しを聞き、助けてくれるかも知れないがね」

「なるほど！」野ウサギは言いました、「さて、では、ちょっと待っていてくれ。五十匹ほどの野ウサギを集め、一緒に行くこととしよう」

野ウサギは、藪や庭園や、それに果樹園を走り回り、およそ五十匹の野ウサギを集め、トムキャットのところに戻って来ました。トムキャットが先頭を行き、野ウサギたちが、後に続きました。彼らが、村々を通り抜けて行くと、人々は塀から顔を覗かせ、驚いて言いました。

「ご覧よ、トムキャットが、五十匹もの野ウサギを率いているよ！」

彼らは、歩きに歩いて、王の宮殿にやって来ました。トムキャットが門を叩くと、すぐに兵隊が出てきて、何しに来たのかと尋ねました。

「王様に会いたいのです」

トムキャットと野ウサギたちは、中庭に通されました。それから、トムキャットは宮殿の中に連れていかれ、王様に引き合わせられました。

「殿下、フェザー王が、殿下へのプレゼントとして、五十匹の野ウサギを贈ってきました。フェザー王は、結婚式を執り行い、あなたのお嬢様の手を、あなたから自分に託して欲しいと願っています」

王は、宮殿から出て来ると、五十匹の野ウサギを見て、驚きました。

「もし彼が五十匹の野ウサギを捕まえたというなら、彼は偉大な、優れたハンターであるに違いない。わしのところのハンターたちが野ウサギ狩りに行っても、二、三匹以上は捕まえられない。そなたの主人は、五十匹を捕まえ、しかも皆生きている！」

そこで、トムキャットは言いました。

「誰も見張っていないので、野ウサギたちを追い込む小屋が必要です」

王は、執事に命じて大きな部屋のカギを外し、扉を開けさせました。

トムキャットは、野ウサギたちのところに行き、言いました。

「さあ、行こう。我々に部屋を用意してくれた。食べ物も出るだろう。その後で、王様がやって来て、我々の話しを聞き、助けてくれるだろう」

すべての野ウサギが部屋に入りました。召使は、扉を閉め、カギをかけると、兵士に彼らを見張らせました。野ウサギたちは、すぐに、トムキャットにだまされたと気付き、自分たちにどんな運命が待ち受けているかと、不安になりました。

王は、トムキャットを賓客の席に座らせました。トムキャットが、フェザー王のことをさかんに誉め称えたので、王はいらいらして言いました。

「フェザー王に、ここに来て、わしに会うように伝えよ」

「やって来ますとも、陛下、しかし今、彼はとても忙しいのです」

豪華な食事のあと、王は、トムキャットに旅先での食料を与え、送り出しました。

トムキャットは、足取り軽く家に戻ると、フェザーに、王から貰った食べ物を与え、言いました。

「さて、若者よ、お前を結婚させせよう」

「誰とですか？」

「王様の娘だよ」

「それで、私たちを、どう婚約させるのですか？」

「心配ない、私には、どうしたら良いか分かっている」


一週間後、トムキャットは、また王に会うために出発し、正午までには、家から大分離れたところまで、やって来ました。道を行きながら、キツネに出っくわしましたが、互いを見て、キツネはトムキャットに、トムキャットはキツネに、ひどく驚きました。彼らは、それぞれ反対の方向に走り去りましたが、しばらくすると、彼らは、小山の背後で、鼻と鼻を、突き合わせてしまいました。

「どこへ行くんだね、トムキャット？」

「苦情を申し立てに、王様のところに行くのさ」

「何か、困っていることがあるのかね」

「わしは、この村では静かに暮らしていけない。人間は、わしを追いかけ回し、叩き、エサもくれないので、病気になって死にそうだ」

キツネの目が、涙で潤み、彼も不平を言いました。

「最近、私が野原で暮らすことも、できなくなってきたよ。人間は、猟犬で私を追いかけ、銃で撃ち、煙で私を巣穴から燻《いぶ》り出そうとする。私も連れて行ってくれないか、親愛なるトムキャット、正義を施して貰えるよう、訴えよう」

「一人で行くのが良いとは言えないよ、親愛なるキツネさん。もし、五十匹のキツネがいるなら、話しは別だがね。私は、この村でただ一匹なので、王様は私の話しを聞き、助けてくれるだろう。だが、お前さんについては、お前さんの外のキツネは、なぜ何も訴えてこないのかと、王様は尋ねるだろう。王様が、もし五十匹のキツネを見れば、たぶんお前さんを信用するだろうが、そうでなければ無理だろう」

「ちょっと待ってくれ、トムキャット、すぐに五十匹ほどのキツネが集まるだろう、そして、皆で揃って、王様のところに行こう」


トムキャットが、しばらく待っている間に、キツネは、谷や木立や沼地を走り抜け、五十匹のキツネとともに、戻って来ました。トムキャットとキツネたちは、何をどうするか、何を話すかを打ち合わせてから、皆一緒に王の宮殿に向かいました。

トムキャットは、道を知っていましたので、先頭を行きました。キツネたちは、ひとかたまりになって、彼の後に続きました。村では、人々の間を通り過ぎましたが、皆、家の門まで走り出てきて、大きな口を開け、叫んでいました。

「何と言うことだ！　ほんのこの間、トムキャットは、野ウサギの群れを連れて通り過ぎたが、今日は、たくさんのキツネを連れて通って行く。彼らは、どこに行くのだろう？」

彼らは歩きに歩いて、王の宮殿にやって来ました。トムキャットは、真っすぐ王の前に通され、深々とお辞儀をしました。

「輝かしき殿下、フェザー王が、殿下へのプレゼントとして、五十四のキツネを贈ってきました。フェザー王は、結婚式で、あなたのお嬢様の手を取りたいと願っています」

王は、召使に、キツネたちを中に入れ、トムキャットにはご馳走を用意するよう命じました。トムキャットは、執事とともに行き、執事は、宮殿の門を開け、キツネたちを中に入れました。宮殿の庭では、召使たちが、今まさに、野ウサギを殺し、皮を剝ごうとしているところでした。耳をつんざくような、うなり声や叫び声が聞こえてきました。

キツネたちは、怯えて尋ねました。

「向こうで、誰が叫んでいるのか？」

トムキャットは、こたえました。

「何日か前、数匹の野ウサギが苦情を申し立てるため、宮殿にやって来た。王様は、皆の話しに耳を傾け、正義を施し、今、野ウサギたちは、ご馳走に与《あずか》っているところさ。皆、たらふく酒を飲み、頭が空になるほど、歌い叫んでいる」

キツネたちは、それを聞き、トムキャットに頼みました。

「あの連中は、酔っぱらって怒りっぽく、喧嘩をしたがっているようなので、わしらを、彼らと一緒のところに押し込まないよう、頼んでくれないか」

執事は、キツネたちを別の部屋に案内し、カギをかけ、兵士に、彼らを見張らせました。キツネたちは皆、閉じ込められ、見張られていると知って、とても怖がりました。彼らは、すぐに自分たちの過ちに気付き、自分たちの運命がどうなるかと、不安になりました。

王はとても喜んで、トムキャットを食卓に迎え、ご馳走を並べました。王は、もし一度に五十匹のキツネを生け捕りにしたとしたら、フェザー王は一体どのようなハンターなのか、とても不思議に思いました。

「わしのところのハンターたちが、キツネを追いかけても、一、二匹の死骸を持ち帰るだけだが、どれも毛皮は裂け、台無しだ」

「フェザー王は、勇敢で強いのです」トムキャットは言いました。「この世に、彼ほど勇敢な者はおりません」

「もし彼がここへ来て、顔を合わせることができれば、素晴らしい。彼が立派な男であることは明らかである」

「彼は、来ます、輝かしき殿下、来ますとも」

宴会を終え、トムキャットは、王からのプレゼントや食べ物を携え、家に戻ると、フェザーに言いました。

「さて、若者よ、お前さんを結婚させよう」

「それで、誰を、私の花嫁に選んだのですか？」

「王様の娘だよ」

「いやあ、私をからかうのは止めてください！」

「いつか、分かるさ、贈り物と美味しい食べ物を、持ち帰ったよ」

「それは、王様から？」

「もちろん」

「信じられない！」

「王様直々の贈り物だよ、特別なご馳走だということが、分からないかね？」

しばらくして、トムキャットは、再び、王の宮殿に向かいました。途中でオオカミに会いました。トムキャットもオオカミも、互いに驚いて、反対方向へ走り去りましたが、すぐに小山の背後で、頭を突き合わせてしまいました。

「どこへいくのかね、トムキャット？」

「王様に、苦情を申し立てに行くのだよ」

「それで、何か困ったことがあるのかね？」

「このところ、村で生活もできないし、心安らかにもできない。人々は、いつもわしを打ち、追いかけ回し、わしの欠点を探そうとする。だからわしは決めたのさ、王様に会い、すべてを話し、正義を施してもらおうと」

オオカミも、自分の不満を言い立てました。

「私も、野原や森で、猟犬に追いかけられ、人々に銃で撃たれ、罠を仕掛けられるのだ。王様のところに、苦情を申し立てに行った方が、良いだろうか？」

トムキャットは、オオカミにこたえました。

「ちょっと待って、オオカミさん。落ち着いて考えてみよう。宮殿に行こうと、急ぎ過ぎないように。確かに、わしは行こうとしている、しかし、分かるだろう、わしは、この村でただ一匹のネコだが、お前さんの仲間は何百といる。もしお前さんが一人で行ったなら、王様は、お前さんの話しには耳を傾けないだろう。だが、そう、五十四のオオカミともなれば、話しはまったく別だ。王様は、間違いなくお前さんたちを迎え入れ、それから正義を与えてくれるだろう。お前さん一人では、どうしようもない。王様は、なぜ他のオオカミたちは、苦情を申し立てに来ないのかと、尋ねるだろう。もし、お前さんたち皆が、今集まれるのなら、お前さんたちが、正義を得られるよう、宮殿に案内できるがね」

「では、私の親族たち皆を集めて来る間、ちょっと待って欲しい、トムキャット。それから、お前さんとともに行くこととしよう」

オオカミは、林や森を走り抜け、たちまち五十匹のオオカミとともに戻りましたので、それから皆揃って、宮殿に向け出発しました。

彼らが、通るところどこでも、人々は、目を見開いて、彼らを見ました。

「ほら、見てごらん、またあのトムキャットが、今度は五十匹のオオカミを引き連れて、通って行くよ！　彼らは、どこに行くのだろう？」

トムキャットは、オオカミたちとともに、王の宮殿にやって来ましたが、衛兵は彼らを見て恐れ、どこに隠れて良いのか、分かりませんでした。

トムキャットは、直ちに宮殿に通され、王に深々とお辞儀をし、言いました。

「輝かしき殿下、フェザー王が、五十匹のオオカミを、殿下へのプレゼントとして、贈ってきました。フェザー王は、結婚式であなたのお嬢様の手を取りたいと、願っています」

王は、バルコニーに出て、プレゼントを眺めると、できるだけ早く、オオカミたちを中に運び入れるよう、召使に命じました。執事が、走って行って門の鍵を開けると、すべてのオオカミが、宮殿の庭に入りました。ちょうどその時、王の召使たちが、生きたキツネの皮を剥いでいたので、鼓膜をガタガタ打ち鳴らすほどの、うなり声や叫び声が、聞こえてきました。

オオカミたちは、恐れをなしました。

「あの叫び声は何なのだ？　助けてくれ！　助けてくれ！」

トムキャットは、彼らを落ち着かせました。

「怖がらないで、気持ちを静めてください。何日か前、キツネの一団が、王様のところにやって来て、彼らの生活が厳しいと、苦情を訴えに来たのです。王様は、彼らに耳を傾け、正義を与えました。それから、王様は、彼らのために宴会を用意させたので、キツネたちは、食べたり飲んだりして、楽しみ始めたのです。彼らは、たらふく飲んで、今は頭が空になるほど、歌ったり、叫んだりしているのですよ」

「トムキャット、我々をキツネたちと一緒にしないよう、頼んで欲しい。あの酔っ払いどもは、我々に絡んでくるだろうから」

執事は、オオカミたちを、別の部屋に案内し、ドアにカギをかけ、兵士に見張らせました。

その時になってようやく、哀れなオオカミたちは、自分たちに、何か恐ろしいことが起こり、生きたまま皮を剝がれるだろうと、気が付きましたが、彼らに何ができたでしょうか？

王は、トムキャットを豪華な食卓に招き、最高の料理とワインでもて成しましたが、こんなにも勇敢で寛大なハンターのことが、不思議でなりませんでした。

「わしのところのハンターたちは、実に、たまにしかオオカミを持ち帰らない。その時でも、猟犬や銃でさんざん追い回すが、生きたオオカミを持ち帰ったことは一度もない！」

「輝かしき殿下、フェザー王は、大変優れたハンターですので、誰も彼には敵いません！」

「どうしたら、ここへ来るよう、彼を説得できるだろうか？　彼を迎えることは、我々にとって、大いなる喜びであり、名誉である！」

「こちらへ来るよう、間違いなく、フェザー王に伝えましょう」

トムキャットが、家に帰ろうと準備をしている時でしたが、王は、彼に、高価な贈り物と旅先での食べ物、それに彼に付き添う兵隊たちを与えました。

トムキャットは、若者の待つ家に真っすぐ戻りました。

「起きなさい、フェザー」彼は声をかけました。

「何ごとですか？」

「婚約を祝い、結婚式の用意をするために、王様のところに、行かなければならない」

フェザーは大いに喜びました。彼は、羽毛のベッドから飛び出ると、トムキャットと一緒に出かけました。二人は、大きな川に辿り着くまで歩きに歩き、そこで、トムキャットが言いました。

「橋の下に行き、そこで、私が行くまで、待っていなさい」

若者は橋の下に行き、一方、トムキャットは町へ向かいました。彼は、そこで、店から店へと行き、ヘルメット、縁なし帽、とんがり帽子、礼装帽、その他ありとあらゆる種類の帽子を買い、持っていたお金のすべてを使ってしまいました。それから、彼は、川へ戻ると、これらの帽子すべてを、川の中に投げ入れました。

「さて」トムキャットはフェザーに言いました、「橋の下のここで、私を待ちなさい。王様が兵隊を連れて来ても、そこから出て来てはいけない、私が、着る服を持って来るまで、待ちなさい」

「良く分かったよ、あなたの言う通りにします」

トムキャットは、宮殿に急いで走って行きました。王は、トムキャットがやって来るのを見ると、外に出てきました。

「なぜ、フェザー王は、この期《ご》に及んで来ないのかね？」

「フェザー王は宮殿に向かっています、輝かしき殿下。ですが、大きな災難に襲われました。ここへ来る途中で、橋を渡ったのですが、彼の兵隊は川の深いところに嵌って、皆溺れ死んでしまい、ただ、彼らのヘルメットや帽子だけが、流れに漂っています。大変な困難の中、私は何とかフェザー王を救いましたが、彼の馬車も衣服もすべて失われ、今彼は橋の下で、裸で待っているのです」

王はこのような災難事を聞き、フェザー王に衣服を届けようと、直ちに、召使たちに、馬車と馬を用意するよう命じました。

トムキャットは、一足先に走って行き、フェザーに王家の服を届けました。フェザーは、その服を身に着け、橋の下から出てきた時でしたが、その美しい服から、目を離すことができず、片側を裏返し、それから他方を裏返し、良く眺めようとしました。

王が、これに気付いて尋ねました。

「あの若者は、なぜ、服をあのように見ているのかね？」

トムキャットはこたえました。

「彼は、あの服は、あまり好きではないのです、殿下。彼は、もっと美しい服を持っていますので」

「何はともあれ、彼は無事だった、それが肝心だ。彼のために、後ほどもっと美しい服を作らせ、彼のための兵士連隊も集めよう」

王は、フェザーを彼の馬車に乗せました。彼らは、兵士団に護衛され、厳かに宮殿に向かいました。宮殿の入口では、王妃が、とても美しい娘とともに、彼らを出迎えました。

若い二人は婚約し、その後すぐに結婚式が執り行われました。王国中から人々が結婚式にやって来ました。人々は、一週間、いや丸々一カ月もの間、ご馳走を楽しみました。王は、自らの領地、財産、それに軍隊を、フェザー王に見せました。そして、言いました。

「さて、わしらの義理の息子の王国や財産を見に、彼の領地に行こうではないか」

トムキャットがこたえました。

「参りましょう、輝かしき殿下、彼が所有するすべてのものを見に」

トムキャットは、ある龍たちが、宮殿や広い土地、それに家畜や農場を持っていることを知っていました。彼は、すべての龍たちが外に働きに出ている時に、そこを訪れるよう手はずを整えました。彼は、王に、軍隊、馬車、馬を用意し、自分の後について来るよう言いました。

王は、砲兵連隊、楽隊、騎兵、それに四輪馬車隊を集め、出発するよう命じました。

トムキャットは、一行の一マイルほど先を行きました。彼は、龍たちの土地にやって来たところで、牛の群れを見ました。彼は牛飼いを呼んで、言いました。

「ごきげんよう、すぐに王様が、軍隊と娘の結婚式の行列を率いて、この道を通ります。王様は、『これらの牛は誰のものか？』と尋ねるでしょう。あなたたちは、牛は、フェザー王のものだとこたえねばなりません。そうすれば、王様はたくさんのお金を投げ与え、あなたたちは金持ちになるでしょう。牛たちは龍たちのものだと、言ってはなりませんよ、さもないと、彼は、鉄砲であなたたちを撃ち殺してしまうでしょう」

「良く分かりました、あなたの言う通りにしましょう、トムキャット」牛飼いたちが、こたえました。

その後すぐ、牛飼いたちは、祝砲が撃たれ、音楽が演奏されるのを聞き、様子を見に通りへ走って行きました。

王は、通り過ぎる時、馬車の中で立ち上がって、尋ねました。

「これらの牛は、誰のものかね？」

牛飼いたちは、こたえました。

「フェザー王のものです！　これらの牛たちは、フェザー王のものです！」

王は、これを聞き、大変喜びました。王は、彼らにお金を投げ、進んで行きました。

その頃までに、トムキャットは、馬が群れているところに、やって来ました。彼は、馬引きの者たちを呼んで、また言いました。

「すぐに王様が通り過ぎます。彼は、これらの馬は誰のものか、尋ねるでしょう。あなたたちは、馬は、フェザー王のものだとこたえねばなりません。そうすれば、彼はあなたたちにお金を投げてくれるでしょう。馬は龍たちのものだと、言ってはなりませんよ。さもないと、彼は、鉄砲であなたたちを撃ち殺してしまうでしょう」

すぐに、王が、軍隊を連れてやって来ました。馬引きたちは、通りへやって来て眺めました。

王が馬車の中で立ち上がって、尋ねました。

「この馬の群れは、誰のものかね、諸君？」

馬引きたちは、トムキャットが教えた通りこたえました。

「フェザー王のものです！　これらの馬は、フェザー王のものです！」

王は馬引きたちに、金片を投げ与えました。

トムキャットは先へ行き、何頭かの羊の群れと、何頭かのブタの群れを見ました。彼は、羊飼いとブタ飼いに、近くに来るよう合図を送り、言いました。

「王様が、大軍と楽隊と娘の結婚式の行列を率い、丘を越えてやって来て、これらの羊やブタの群れや、この土地は誰のものか、皆さんに尋ねるでしょう。もしどうこたえれば良いか知らずに、それらは龍たちのものだと言えば、彼は、鉄砲であなた方を撃ち、これらの群れを取り上げてしまうでしょう。しかし、それらはフェザー王のものだと言えば、王様はお金を投げ与え、あなた方は、家に持って帰ることのできる富を手にすることができるでしょう」

羊飼いもブタ飼いも、とても喜びました。

「大変良い助言をいただき感謝します。何がわしらを待ち構えているか、まったく分かりませんでしたので」

トムキャットは、先へ進んで行きました。王が、楽隊と軍隊を連れ、後からやって来ました。羊飼いとブタ飼いは、道へ走って行き、一行を眺めました。王は、通り過ぎる時、馬車を止め尋ねました。

「これらの羊の群れとブタの群れは、誰ものなのか？」

羊飼いとブタ飼いは、ただちにこたえました。

「それらは、フェザー王のものです！　フェザー王のものです！」

王は大いに喜び、義理の息子が、これほど沢山の羊やブタの群れを持っているのを見て、誇りに思いました。彼は、手いっぱいの金貨を取り出すと、羊飼いとブタ飼いに投げ与えました。羊飼いたちは、王に礼を言い、羊やブタの世話をしに戻って行きました。

もう少し先まで走って行き、トムキャットは龍たちの宮殿を目にしました。

龍たちは、とても美しい屋敷と宮殿を持っていましたが、それはあまりに豪華でしたので、全部でどのくらいの価値になるのか、龍たちも知りませんでした。

トムキャットは、一つの宮殿にやって来ると、覗き込み、門もドアも開かれ、テーブルには美味しそうなご馳走が並べられているのを目にしました。龍たちは、ちょうど宴会を始めようとしていたところでした。トムキャットは、龍たちに近づき、言いました。

「ひどい危険が降りかかろうとしていますよ。災難が迫っています。王が、大軍と彼のすべての大砲を伴って、あなたがたを殺そうとやって来ます」

龍たちは、はじめは冗談だと考えましたが、軍隊が近づき、大砲が打ち鳴らされる音を聞き、怖くなりました。

「どうしたら良いのか？　どこに隠れたものか？」

トムキャットが、龍たちの中庭を見ると、そこには干し草の山や麦の積みわらがありました。

「干し草の中に隠れなさい、積みわらの中に隠れなさい、そうすれば、王はあなた方を見つけられないでしょう」

龍たちはとても力がありましたので、積みわらの置かれたところに行くと、それを持ち上げ、その中に隠れました。

それからトムキャットは、どうしたと思いますか？　彼は、麦わらに火を点け、王のところに走って行き、叫んだのです。

「輝かしき殿下、麦に火が付き燃えています」

王がこたえました。

「花婿と花嫁が健康であり、家畜が生きているなら、なんの問題ない。麦なら、いくらでも簡単に手に入るだろう」

ところで龍と言えば、すべて火の中で死に絶え、一匹も逃れることはできませんでした。王は、軍隊と結婚式の行列とともに、大いに満足し宮殿にやって来ました。花婿の宮殿で、音楽家たちは演奏を始め、結婚の祝宴が続けられました。祝宴の後で、フェザー王は、龍たちの宮殿と屋敷の主になりました。彼は、夢見たことさえないほど、豊かで幸せになりました。

しばらくして、トムキャットは、フェザー王のところに行き、これまでのあれこれを話し、尋ねました。

「さて、私が、お前さんを王にしたことを、喜んでくれると良いのだが？」

「もちろん、喜んでいます、あなたには永遠に感謝しますよ」

「で、私にどう報いてくれるのかね？」

「私は、今は裕福で力があるので、あなたが尊敬に値する老年となるまで、十分あなたの面倒を見、暖かくし、申し分ない食事を与えましょう！」

「私の死後は、何をしてくれるのかね？」

「私にとって、この世で、あなたほど大事な者は誰もいない。あなたと別れることはとてもできそうもない。私は、あなたの墓の上で悲嘆の涙を流し、あなたの最後の望みを叶えるでしょう」

「私が死んだら、最大の栄誉を以って葬り、葬儀の饗宴を執り行ってもらえるかね？」

「すべてそのようにしましょう、そしてあなたには、金の棺を作らせましょう」

トムキャットは、一年、二年、三年をやり過ごし、ある嵐の晩、死んだふりをしました。それは、犬をドアから外に出すことができないほどの、雨の夜のことでした。

フェザー王は、死んだトムキャットを見ると、召使を呼びつけました。

「尻尾を摑んで、トミーを沼に放り込み、二度とここで寝そべることがないようにしろ！」

召使は、彼の尻尾を摑んで沼に放り込みましたので、トムキャットは、水の中に落ち、泥の中に沈んでしまいました。彼は、大変な困難の中、何とか抜け出して難を逃れました。

哀れなトムキャットは、食べることも飲むこともできませんでした。彼は、余りの悲しさと恨みでいっぱいでした。最後に彼は、宮殿のフェザー王に会いに行き、言いました。

「お前の約束は、どこへ行った？　私のために、どんな埋葬をしてくれたのか？　お前は、私と別れることはできそうもないと言い、最大の栄誉をもって葬ると言った。だが、お前は実際何をした？　お前は、召使に、私の尻尾を摑んで沼に投げ入れさせた。泥の厚く溜まった、水の深い沼に！」

そして、トムキャットは外に出ると、宮殿に火を放ちました。火は、地面に至るまですべてを焼き尽くし、灰は風に吹き飛ばされ、雨に洗い流されましたので、それまでそこにあった宮殿は、もはや見ることさえできませんでした。

トムキャットは、森に行き、荒々しい獣たちと暮らしましたので、彼自身も荒々しくなりました。その頃から、森には荒々しいオス猫が棲んでいるのです。

これで私の話しはおしまいです。トムキャットが、こう言ったので、

もし誰か　まだもっと　知っているなら、
そのものに　終わりまで　話させましょう、
もし誰か　この物語を　あざけるなら
そのものを　丘に上らせ、谷を下らせましょう、
そのものの　左手に　杖を持たせ、
田園を貫く　曲がりくねった　道を、
西に向けて　そのものを　行かせましょう。

どこでも　迎えられない　招かれざる客。
ご馳走いっぱいの　祝宴の　ないところ、
グラスが　いつでも　空のところ、

もし誰か　この物語を　ふたたび語るなら、
そのものを　丘に上らせ、谷を下らせましょう、
そのものの　右手に　杖を持たせ、
田園を貫く　真っすぐな　道を、
東に向けて　そのものを　行かせましょう、
どこでも　祝宴に　喜んで迎えられ、
テーブルが　ご馳走で　溢れているところ、
グラスが　決して　空にならないところ、
美しい言葉と　楽しい喜びに　出逢うところ。

さあ　今
さよならを　言わねばならない、残念ながら。

そして　もしまた会ったら、わが友よ、
あなたに　終わりのない物語を　語りましょう。

第八話　ハンサムなバジルと太陽の妹金髪のレオノラ

おとぎ話はおとぎ話、物語は物語、もしそれらがなかりせば、誰がすべての栄光を手にすることができたでしょう？

ずっと昔のこと、とても可愛い娘を持った、年老いた男と女がおりました。娘は、朝日のように美しく、手を器用に使っては忙しく働き、春のそよ風のように活気に満ちていました。誰であれ、娘の働いている姿や、目の輝きや、あるいは頬の色を見た者は、生涯彼女のことを覚えているのでした。もし若い男が、通り過ぎながら彼女を見れば、彼の心臓はより早く鼓動し始めるのでした。ある日のこと、娘は二つの金のバケツを持って、水を汲みに井戸に行きました。バケツをいっぱいにしたところで、彼女は少し休むことにしました。その時、彼女は、井戸のへりにバジルの茎があるのに気付きました。考える間もなく、彼女はそれを摘み、匂いを嗅いだその瞬間、彼女は自分が赤子を授かったと知りました。

娘の両親は、何が起ったのかを聞くと、とても激しく叱ったので、哀れな娘は、それ以上耐え切れず、静かに家を去ると、姿を消してしまいました。

娘はとても怯え、深く後悔していましたので、休むことなく歩きに歩いて、はるか遠くの森までやって来ると、そこで洞穴を見つけました。彼女は少し休もうと考え、中に入って行ったのですが、とても年を取った老人が、咳をし、唸《うな》りながら、彼女の方にやって来るのに気が付きました。

「お前は誰だね、どのようにして、ここへ入り込んだのかね?」重い目蓋《まぶた》を杖の柄で押し上げながら、老人が尋ねました。

娘はしくしく泣いたり、ため息をついたりし始め、それから、どのようにして赤子を授かることになったか、どのようにして老人の洞穴に辿り着いたのか、彼女に起こったすべてのことを、彼に話しました。

老人は、こうした話しを聞くと、優しく彼女に話しかけ、彼女を他所に行かせようとはせず、この洞穴で彼とともに留まるよう、言い聞かせました。

そういうわけで、彼らは一緒に暮らしましたが、お陰で、娘は悩みが癒され、年老いた隠遁者も心癒されました。毎朝、三匹のヤギが洞穴の入口までやって来ました。老人はヤギたちの乳を搾り、ヤギたちは老人に餌を与えてもらうのでした。

時が過ぎ、娘は男の子を産みました。

男の子が生まれたとき、老人と娘は少年を朝露で清めましたので、生じ得るすべての憎しみや邪悪な考えが彼から洗い流され、また、蝋燭《ろうそく》と鉄片を彼の頭の上にかざしましたので、火も剣も、今後少年に触れることはできなくなりました。母親が子どもの世話をしている間、老人は洞穴の裂け目を探り、彼が若いころ使っていた剣と棍棒を見つけました。老人は、それらを、この小さな若者に与えましたので、それらは、将来きっと若者の役に立つことでしょう。老人は、子どもの幸運を願い、彼の母親が摘んだ花にちなみ、彼をバジルと名付けました。彼の母親は、彼がとてもきれいな若者と思えましたので、〝ハンサムなバジル〟と呼びました。

ハンサムなバジルが成長したとき、彼は、洞穴から見える限り遠くの森や木立の中で、狩りをしました。ある時、彼は谷間へ来て、下を見下ろしましたが、そこには緑がかった湖があり、太陽が水浴びしているようでした。しかし、段々に近づいてみると、それは、奥深い広大な森の上に輝く、真珠をちりばめた黄金の宮殿でした。彼は、腰に挿した剣と棍棒とともに、真っすぐそこへ向かいました。ほどなく彼は、宮殿の入口に足を踏み入れました。ドアというドア、窓という窓は開かれていましたが、宮殿の内にも外にも、人影はありませんでした。彼は、中に入り、部屋から部屋を見、それから外に出て、辺りを見回しました。そのとき突然、森が唸り、木々が裂ける音が轟き、七頭の恐ろしい龍が姿を現しました。

ヤギのような　角の突き出た　頭を持った
毛むくじゃらの　不格好な　毛皮を着けた
狼のような　口を　大きく開けた
どれも緑色　そして　火のような目

龍たちは、宮殿にやって来て、ハンサムなバジルを見るやいなや、彼に襲いかかりました。ハンサムなバジルは、剣を払うと、宮殿の入口を横切ろうとした一頭の龍の頭を切り落としました。彼は次から次へ、六頭の龍を殺しましたが、七頭目がやって来たとき、彼の剣はその龍を突き刺すことができませんでした。ハンサムなバジルは、龍の頭を、それから胸を突き刺しましたが、無駄でした！　そこで彼は、棍棒を手に取り、龍を打ちのめそうと構えましたが、龍は、自分の死が近いと恐れて逃げ出し、石坑の中の九十九番目の部屋に隠れてしまいました。

ハンサムなバジルは、その部屋のドアにカギをかけ、ボルトで固定し、そのカギをポケットに入れ、大いに満足して宮殿と深い森を後にし、さらに進んで行きました。

彼は元気に洞穴に戻り、母親を見て言いました。

「今日から、私たちは、宮殿で暮らしましょう。私はきれいな宮殿を見つけたので、この洞穴を引き払いましょう」

バジルの母親は、とても喜び、彼と一緒に黄金と真珠の宮殿に行き、そこで暮らし、宮殿の主になりました。

「ここにある物は何でも、私たちの物ですよ」ハンサムなバジルは言いました、「でも、九十九番目の部屋は、まだ龍がいるので、決して開けてはなりません」

「心配ないよ、息子よ。龍が、お前を食べることがないよう、ドアのカギは、しっかりかけたままにしておくよ」

カギを手にすると、母親は、それを紐で十回結び、ハンカチに包んで隠しましたので、誰も見つけることはできませんでした。

今や彼らの生活は、とても幸福で、素晴らしいものに溢れていました。住まいは素晴らしく、狩りをする沢山の獲物があり、周りの自然はとても美しいものでした。彼らは、そこでとても長い間暮らしました。

しかし、時として起こることですが、春がその美しさを存分に開花させている最中、地上のすべてを、粉々に引き裂こうと、嵐が忍び寄って来るのです。

七頭の龍の母親は、別の王国で暮らしていました。七頭は、一瞥するだけで地上に火を吹き上がらせる、煤のように黒く意地悪な、この年老いた老婆に育てられたのでした。年老いた老婆は、七頭の龍が、いつものようにやって来るのを、待ちに待っていましたが、とうとう、いつもと違う何事かが起こったのではないかと感じ、猛り狂う旋風のように突き進んで、彼らが何をしているのかを見ようと、宮殿にやって来ました。

老婆は、七頭の龍に何が起こったかを知ると、両手で頭を叩きました。怒りでいっぱいになって、彼女は、ハンサムなバジルの母親を襲って、カギを奪い、龍を救い出し、バジルの母親を、龍がいた石坑の中に押し込めました。

それから、老婆は龍とともに、どのようにハンサムなバジルを殺すか、計画を立てました。

「お前は、彼に立ち向かい、戦わなければならない」

「怖いよ」龍が言いました、「やつの一撃は、俺のより、よほど重いんだ。やつに関わらない方が良い、その方が安全で無事だ。彼から身を隠そう。さもないと、我々二人にとって、良くないことになりそうだ」

「よく分かった、彼のことは、私に任せなさい！　彼が死を遂げるよう、ヘビのねぐらに押し込んでやろう」

そう言いながら、老婆は、龍を隠すと、独楽《こま》のように体を回転させ、ハンサムなバジルの母親の姿に化けました。とても悲し気に、病んでいるふりをしながら、彼女は座って、バジルを待ちました。


一日が過ぎ、二日が過ぎ、ハンサムなバジルが、狩りから戻って来ました。彼が家の入口に足を踏み入れるや否や、年老いた老婆が、ため息をつき、呻《うめ》き声を上げました。

「ああ、私の愛しい息子、お前は出かけて行って、道に迷ってしまったかと思ったよ。お前は、私が病気だと知っていたら、おそらくもっと早く帰ってくれただろう。ここには私を助けてくれる者は、誰もいなかったからね。今、鳥のミルクを飲みさえすれば、私は治り、すぐに自分の足で立ち上がれるのだが」

ハンサムなバジルは、これを聞いて、とても悲しみ、水差しを持ち、すぐに鳥のミルクを持ち帰ると言いながら、出かけて行きました。

彼は歩きに歩き、丘を越え、谷を越え、美しい家のあるところまで、やって来ました。彼が門をノックすると、乙女の声がこたえました。

「もしあなたが良い人なら、お入りください。でも悪い人なら、立ち去ってください。私には、鉄のスパイクのような毛で覆われ、鋼鉄の歯を持った犬がいます、あなたが入ってくれば、彼はあなたを粉々に引き裂いてしまうでしょう」

「私は、良い人です、良い人です」ハンサムなバジルはこたえました。門が開けられ、彼は入りましたが、その家は、扉と窓がみな開かれ、いくつも並べ置かれた蝋燭に照らし出されていました。そこで彼は、そこに住むとても美しい乙女を目にしました。

「どうして、私たちの国に来たのですか、お若い方?」

「私は、鳥のミルクを探しているのです」

「私は、これまで、そのようなもののことを聞いたことがありませんが、あなたは良い人なので、あなたのお役に立つよう、見つけましょう。この後すぐ、私の兄の太陽に会いに行こうと思います。彼は、どんなものでも、どこで見つけることができるか、知っているのです」

これが、ハンサムなバジルが、太陽の妹、〝金髪のレオノラ〟に会ったいきさつでした。

その後、旅人のバジルが眠っているとき、金髪のレオノラは、兄の太陽に会いに行き、尋ねました、

「親愛なるお兄様、どこで鳥のミルクを見つけられるか、ご存じないですか?」

「ずっと遠くだよ、可愛い妹よ、ずっと遠くで、鳥のミルクは見つかるだろう。そこへ行くには、東へ向かって、〝銅の山脈〟まで、何週間も歩き続けねばならない。しかし、ミルクを手に入れるのは、不可能だよ、なぜならその鳥は、あまりに巨大だからね。その翼は雲ほど大きく、もし誰かを捕まえようものなら、巣に運び去り、粉々に引き裂いて、ヒナたちに食べさせてしまうだろう」

太陽の妹は、間違いなく死に見舞われるだろう旅人のことを思うと、悲しみと恐れでいっぱいになりました。彼を助けたいと思い、朝早く、六対の翼を持つ馬を、厩舎から引き出すと、それをハンサムなバジルに与えて言いました。

「この馬は役に立つでしょう。東へ向かい、銅の山脈へ辿りつくまで、乗って行きなさい。守備よく鳥のミルクを手にしても、しなくても、戻ってきたら、私を尋ねて来なさい」

ハンサムなバジルは、彼女に礼を言い、馬に乗って出発しました。

山や　谷に　添い、
丘を　上がり　谷間を　下り、
見たこともない　小道に　添い、
そして　緑の　森々を　抜けて、

しばらくして、彼は、銅の波のようなものを、目にしました。近づくに従って、それは大きくせり上がり、高く、高くなり、丘に姿を変え、次には山に姿を変えました。彼が、その山の麓まで来たときには、山が余りに高いので、空はその頂きに、ちょこんと座っているようにしか見えませんでした。誰も、こんな山を見たことは決してありません！　銅の山脈にほかなりません。見上げたり、見下ろしたりして、底から頂きまでの距離を測ろうとしながら、ハンサムなバジルは、空の高い所に、二つの雲のように大きな翼をつけた鳥が、輪を描くように飛んでいるのに、気が付きました。彼は馬に拍車をあて、一気に山の頂上に駆け上がりました。

彼は、そこで何を見たでしょう？　いくつかの銅の巣に、バッファローほど大きい、まだ羽の生えていない、数羽のヒナたちが座っていて、みな空腹で、金切り声を上げていたのです。ハンサムなバジルは、銅の岩にいくつかの裂け目があるのを目にし、巣の近くの一つの裂け目に、馬もろとも身を隠しました。

ほどなくして、鳥が現れ、空から舞い降り来ると、一つひとつの巣で、くちばしからミルクを出しました。翼を広げて旋回し、鳥は、ハンサムなバジルが隠れていた近くの巣にやって来ました。彼が、勇気を奮って、巣に水差しを差し入れると、鳥は、それへ真っすぐ、ミルクを注ぎました。彼は馬に乗ると、直ちに姿を消しました。

背後では、ヒナたちが空腹でまだギャーギャー鳴いていましたが、鳥が、周りを見渡した時、ハンサムなバジルが目に入りました。

鳥は、凶暴な悪魔のように、彼を追って突進して来ましたが、捕まえることはできませんでした。というのも、鳥は一対の翼しか持っていませんでしたが、バジルの馬は六対の翼を持っていましたので、六倍早く飛んだからでした。家に向けて、ハンサムなバジルは、馬に乗って、乗って、

山や　谷に　添い、
丘を　上がり　谷間を　下り、
見たこともない　小道に　添い、
そして　緑の　森々を　抜けて、

金髪のレオノラの家まで、帰って来ました。彼女は、再会をとても喜び、ひと時休むよう誘いました。彼女は、ハンサムなバジルに、食べ物と飲み物を与え、彼は眠るために横になりました。金髪のレオノラは、ことのいきさつを知って、鳥のミルクを安全な場所に隠すと、水差し

に、牛のミルクを注ぎました。

休んだ後、ハンサムなバジルは起き上がり、水差しを手にしながら、言いました。

「愛しい妹よ、あなたが、私にとても良くしてくれたので、私は、今はとても良い気分です。でも、病気の母が待っている家に帰らなければ、気持ちが落ち着きません」

「ご無事で快適な旅となるよう、祈っています。私に会いに戻ることを、忘れないでください」金髪のレオノラは言いました。

ハンサムなバジルは、お辞儀をして別れを告げ、出かけました。彼が、宮殿に着いたと知ると、老婆は、まるで誰かに火矢で射貫かれたかのように、小枝のように体を回転させました。彼女は、ベッドに飛び込むと、呻いたり、唸ったりして、死の瀬戸際にあるようなふりをしました。

「お前が戻って来て、良かったよ、息子よ」彼女は哀れっぽく言いました、「随分長いこと、お前を待っていた。私を治してくれる何か、持ち帰ったかね?」

「持ってきました」ハンサムなバジルは言い、水差しを彼女に渡しました。老婆は、それを唇まで持って行くと、飲み干しました。

「ありがとう、愛しい息子よ、お陰で、少し良くなったようだ!」

その後、彼女は、横になりましたが、眠りませんでした。彼女は、バジルをどこに送ったら、二度と宮殿に戻って来られないか、考えに考えていました。彼女は突然体を起こし、病気が悪くなったふりをし、呻きながら、唸りながら言いました。

「ああ、愛しい息子よ、熱が戻ってきてしまった。もし、野生のイノシシの肉を食べれば、良くなるという、夢を見たよ」

「私が行って、直ちに探してきましょう、お母さん。お母さんが良くなるなら、どんなことでもするつもりです！」

こう言って、彼は馬に跨《またが》り、出発しました。馬に乗って、乗って、彼は、金髪のレオノラの家にやって来ました。

「私に会えて、嬉しいですか？」

「本当に、とても嬉しいです。入って、休んでください！」

彼は、座ると、どんな心配事があるのか、金髪のレオノラに話しました。

「どこで野生のイノシシを見つけることができるか、知りませんか？　私の母親の熱がぶり返し、彼女は、イノシシの肉が唯一の薬だと思っているのです」

「残念ながら、私は知りませんが、今晩はここで休んでください。私の兄の太陽に聞いておきましょう。兄は、高い所にいて、すべてを見て、何がどこにあるか熟知しているので、確かに知っているでしょう」

ハンサムなバジルは、夕方まで休みましたが、そのころ太陽は、休息を取ろうと、その光を西に沈ませ、夜になるので、家に戻って来ました。

彼の妹は、兄のところにやって来て、彼の疲れた頭を優しく撫でて、尋ねました。

「私は、野生のイノシシのこと聞きました。お兄様は、イノシシが、どこの土地で見つけられるのか、知っていますか？」

「遠くだよ、妹よ、南のずっと離れたところだよ、原野の雑草は絡まり、森は陰を作る葉で鬱蒼としたところだよ」

「若いイノシシを食べるために捕まえるには、どうしたら良いでしょう？」

「捕まえようがないよ、森が余りに深いので、私の光でさえ通らないのだから。私が、イノシシを見るのは、彼らが粘土の沼で転げ回りに行く日中だけだ。でも、彼らに近づくことはできない、彼らは、牙で、何でも切り裂いてしまうからね」

金髪のレオノラは、兄から聞いたことを、ハンサムなバジルに話しました。今や、彼は、どこへ行けば良いのか、何をすれば良いのか分かったので、六対の翼をもつ馬に跨り出発しました。

彼は、馬に乗って、乗って、

山や　谷に　添い、
丘を　上がり　谷間を　下り、
見たこともない　小道に　添い、
そして　緑の　森々を　抜けて、

雑草が絡まる原野まで、そして、陰を作る葉で鬱蒼とした森まで、やって来ました。彼が、森の中に入って行くと、まるで地下にでも入ったかのように、辺りが暗くなりました。

馬は、森の一番高い木の上に飛び上がり、ハンサムなバジルは、すぐに粘土の沼を目にしました。

ちょうど日中でしたので、彼は、イノシシがブウブウ鼻を鳴らすのを、聞きました。ハンサムなバジルは、野生のイノシシたちが、泥の中で転げ回るために出てくるのを見ていましたが、立派な若いイノシシが、彼のそばを通り過ぎようとしたので、その耳を摑み、その背に飛び乗りました。他のイノシシが彼を追いかけて来ました。もし、ハンサムなバジルが、このような俊敏な馬を持っていなかったら、彼は、死を免れなかったでしょう。

バジルは、若いイノシシを鞍の先端に投げ掛けると、その背後に飛び移って、走り去りました。彼の馬は、追いかけて来るイノシシの牙から、彼を救ったのでした。今や、バジルは、困難な仕事を成し遂げたことに感謝しながら、嬉しそうに、歌を歌いながら、馬に揺られて行きました。

家に帰る途中、バジルは、もう一度太陽の妹のところに立ち寄りました。彼が休んでいる間、金髪のレオノラは、野生のイノシシを隠し、普通の家畜ブタを、元あった鞍の先端に置き、何事もなかったかのように、ハンサムなバジルを見送りました。

ハンサムなバジルが家に着くと、老女は彼を見て、憤怒で火が飛び散るほど、歯ぎしりをしましたが、怒りを隠して、まるで瀕死の病でもあるかのように、か弱い声で言いました。

「ああ、可愛い息子よ、お前にもう一度会えて嬉しいよ。お前が来るのが、もう少し遅かったら、生きている私には会えなかっただろう。できるだけ早く、そのイノシシを殺し、その肉を食べさせておくれ」

ハンサムなバジルは、素早くブタを殺すと、一片の肉を、灼熱の炭で焼き、ほどよく調理したところで、彼女に与えました。

「今は、少し良くなったようだ」口いっぱい食べた後、老女は言いました。しかし、彼女は、それを全部食べてしまうと、前よりももっと痛ましく、呻き、嘆き始めました。

「私の息子よ、可哀そうな息子よ、お前には、これまで多くの面倒をかけ、長い旅にも送り出してきたが、もしお前が、私が生きて元気でいるのを見たいと望むなら、もう一度だけ、出かけてくれないか。私の熱は悪くなっている。私に、〝復活の水〟と〝命の水〟を、持ってきてくれないか、さもなくば、お前は、私を死の魔手から救うことはできないよ」

「行きましょう、お母さん」ハンサムなバジルはこたえ、再び出発しました。

バジルは、馬に乗って、乗って、金髪のレオノラの家にやって来ました。

「愛しい妹よ」彼は言いました、「何も私の母を治すことはできなかった。彼女は、私に、命の水と復活の水を持って来るよう言っている。どこでそれを見つけることができるのか、知っていますか？」

「休んでください、今度もあなたを助けられるよう、最善を尽くしましょう！」

暗くなると、彼女は、ちょうど家に戻ってきた兄のところに行きました。

「太陽のお兄様、空から、あなたは地上の何もかも見えますね。命の水と復活の水を、どこで見つけられるか、知っていますか？」

「とても遠いところだよ、可愛い妹よ、九十九の海と九十九の国を越えた、はるか遠くの、マナ・フィールド（Manna:〔聖書〕イスラエル人が出エジプト後、荒野で神から与えられた食物、天恵）だよ。

しかし、その霊薬を手に入れようとし、無事に戻ったものは、誰もいない。なぜなら、その王国の国境には、〝グリフィン（griffin：ギリシャ神話、頭部・前足はワシで翼を持ち、胴体・後足はライオンの姿をした、黄金の宝を守る怪獣）〟がいて、王国に入る者は誰でも通すが、戻ってくるのを待ち受け、彼らの水を飲み干し、そして殺してしまうから。

ハンサムなバジルは、どこへ行き、どのくらい長いこと馬で行かねばならないかを聞きましたが、恐れませんでした。彼は、剣と棍棒を取ると馬に跨り、金髪のレオノラに別れを告げ、出発しました。長い道のりでしたが、彼は、休むことなく、多くの海に沿って馬を進め、いくつもの国境を越えて行きました。彼は、九十九の海と九十九の国境を越えるまで、馬に乗り、とても豊かな国にやって来ました。乾いた小枝や乾燥した葉は、一つもありません、すべてが、命の輝きに満たされ、溢れ返っていました。

その国を、楽しく馬で進み、彼は、二つの岩のあるところにやって来ました。そのいずれの岩の下からも、泉が湧き出ていました。

「これらは、私が探していた泉だ」ハンサムなバジルは、そう思い、確かめようと、花から一匹の蝶を捕まえ、蝶を、粉々に引き裂き、それを泉の一つに投げ入れました。すると、蝶はたちまち復活し、元の姿に戻ったのでした。彼は、蝶をもう一つの泉にも投げ入れましたが、蝶はたちまち生き返り、飛び去って行きました。彼は、それぞれの泉から、瓢箪《ひょうたん》いっぱいの水を汲む

と、家路に着きました。

その後、彼が、王国の国境にやって来たときでした。木々が、まるで大きな嵐に吹かれてでもいるかのように、キーキー軋る音が聞こえてきました。空が暗くなり、傍らから、十二の頭を持ったグリフィンが現れ、歯をギシギシ言わせ、尾をムチのように打ち鳴らしました。

ハンサムなバジルは、一方の手に剣を、他方に棍棒を持つと、グリフィンが一つの頭を突き出したとき、棍棒で撃ってそれを気絶させ、剣で切り落としました。グリフィンは、命の危険を感じて、空に飛び上がりましたが、ハンサムなバジルの馬は、もっと高く飛びましたので、この勇敢な若者は、そのすべての頭を切り落としました。グリフィンは死んで、地上に落ちてしまいました。

穏やかに、誰に邪魔されることもなく、馬に揺られ、彼は、金髪のレオノラのところに戻りました。戦いと長旅に疲れて、彼は眠りにつきました。彼が寝ている間、金髪のレオノラは、瓢箪の中の回復と命の水を、泉からとった真水に入れ替えました。

ハンサムなバジルは、真に心を開いて助けてくれる太陽の妹を、ほんのひと時も疑うことはありませんでしたので、休息を終えると、馬に跨り家路に就きました。

老女が、三度、無事で怪我もない彼を目にすると、その顔は、雷雲のように黒くなりました。彼女は、心臓が毒で沸騰するほど、怒り、恨んでいました。彼女は、水を飲んで少し落ち着くと、ハンサムなバジルをどう追い出したものか、考え始めました。

バジルを少し休ませた後、彼女は彼を呼び、親切に尋ねました。

「私の可愛いバジル、お前は、長い、長い道のりを、何度も行ったり来たりしたので、たぶん、力を失ってしまったことでしょう。お前が、この絹の紐を切れるかどうか、見せておくれ！」

そう言うと、彼女は、絹の紐を手にして、彼の腕と胸の周りを縛り付け、背中で結びました。

「さあ、息子よ、お前がこれまでいた所で、力を失っていないか、試してごらん」

ハンサムなバジルは、一度息を吸い込むと、紐を五、六片に引き裂きました。

「今度は、二本の紐を引き裂けるか、見せてごらん」

バジルは、同じように引き裂きました。

「おや、お前の力は、まだ強いようだね、息子よ、まだ強いようだ。だけど、まったく以前のままか見せておくれ」

そう言って、彼女は、三本の絹の紐で、彼を縛り付けました。ハンサムなバジルは、一度息を吸い込みましたが、引き裂くことができず、二度目も試しましたが、絹紐は彼を傷つけるばかりでした。彼が三度目に息を吸い込んだときには、三本の紐は、正に骨に至るまで、彼の肉体を切り裂きました。

老女は、飛び上がり、叫びました。

「出ておいで、龍よ、ハンサムなバジルに、仕返しをしておやり！」

龍が、隠れていた場所から、姿を現すと、ぞっとするような笑い声をあげながら、剣を取り、ハンサムなバジルを、キャベツのように粉々に、切り刻んでしまいました。

そうして、龍は、ぼろぼろの二つの袋に、バジルの体の断片を集めると、鞍に放り投げ、馬に鞭《むち》を当てながら言いました。

「行け、このバカ馬め、かつて、生きていた彼を運んだところへ、死んだ彼を運んでいけ！」


馬は幽霊のように駆け去り、大地が馬の蹄の下で揺れました。馬は、かつて育てられ、餌を与えられ、世話してもらった場所へ駆け戻り、金髪のレオノラの家の前で止まりました。

太陽の妹が出てきましたが、そこに旅人の影も形もありませんでした。彼女の見たものは、全身泡のような汗で覆われ、血を振りかけられた馬ばかりでした。彼女は、悲しみに満ちて馬にかけ寄り、袋を降ろしたとき、それがハンサムなバジルの残骸だと、気が付きました。

「ああ、可哀そうな若者よ、彼らは、何という死を、あなたに与えたのでしょう！」彼女は、呻き、バジルの断片一つひとつを、ほとんど以前の彼と同じになるまで、くっつけ始めました。

それから彼女は、家に走り込むと、復活と命の水の入った瓢箪、野生のイノシシ、そして鳥のミルクを持って来ました。ハンサムなバジルの体の欠けた断片は、野生のイノシシの断片で補いましたので、バジルの体は元通りの形になりました。その後、彼女は、そこに復活の水を振りかけましたので、断片は共に一つになりました。それから、彼女が、命の水を彼に振りかけると、彼は、目を開け、深く一息つくと、言いました。

「ああ、何と長いこと、私は眠っていたことか！」

「ああ、愛しい人、もし私がここにいなければ、あなたは永遠に眠っていたことでしょう！」

鳥のミルクを飲むよう、水差しを差し出しながら、金髪のレオノラがこたえました。

ハンサムなバジルは、ミルクを飲みましたが、一口飲むごとに、これまでなかったような力が漲るのを感じました。彼は、棍棒の一撃で、非常に固い岩を粉々にすることさえできました。

ハンサムなバジルは、自分の足の力を取り戻し、残った弱さを振り払うと、龍のことを思い出し、剣を取って、直ちに宮殿に戻りました。

バジルがそこに着いたとき、彼が見たものはこんな光景でした。

龍と老女は、美味しそうなご馳走いっぱいのテーブルで大宴会をしていました。テーブルの片端に、バジルの母親がナプキンを手に持って立ち、食べ終わった骨を集め、新鮮な肉を、彼らに出していました。

ハンサムなバジルが、宴会場に入ったとき、この二つの邪悪な生き物は、自分たちの終わりがやって来たと感じました。勇敢な若者は、銅のかまどで大きな火を焚き、灰になるまで燃やそうと、彼らをそこに押し込みましたので、地上にも空中にも、彼らの痕跡は何も残りませんでした。

ハンサムなバジルは、とても苦しい経験をし、何度も苦い涙を流した母親を迎え、二人は、共に大いに喜び、互いに抱擁しキスを交わしました。

その後すぐ、新たな、より大きな喜びが、彼らに訪れました。

ハンサムなバジルと金髪のレオノラは、結婚し、楽しい音楽と笑顔に満ちた、盛大な結婚式が行われたのでした。大勢の人々がやって来て、祝宴のテーブルの主賓席に太陽が座り、二人の、夫とその妻としての幸せな人生を祈りました。

結婚式の後、とても長い時間を、平和と満足のうちに暮らしました。もし、彼らが亡くなっていなければ、今でも幸せに暮らしていますよ。

第九話

魔法の馬

昔あるところに、三人の息子を持つ男がおりました。息子のうちの二人は、いつも父親の言うことを聞く、とても良い若者でした。一番若い息子は、″テレイエシュ″という名前でしたが、いたずら者で反抗的でした。ある春のこと、父親は、畑にトウモロコシの種を蒔きました。それが少し大きくなり、風に吹かれて波打つようになったとき、父親は、トウモロコシが馬の蹄で踏みつけられ、かなりの葉が食べられていることに気が付きました。彼は、悲嘆に暮れる様子で家に戻ると、息子たちと相談し、彼らを一人ずつ交代で、トウモロコシを見張らせることに決めました。最初の晩、一番上の息子が畑に行きましたが、眠ってしまい、何も見つけることはできませんでした。彼は、自分自身の物笑いの種を作っただけでした。

次は、真ん中の息子の番でした。彼は、しばらく見張っていましたが、真夜中に、彼の兄よりももっと深く、眠りに落ちてしまいました。彼も、何も見つけることはできませんでした。

いよいよ、いたずら者で反抗的な息子の番です。日が沈むとすぐ、彼は、トウモロコシ畑に行きました。兄たちのどちらも、彼が何かできるとは信じておらず、「あいつは、雌を追い回す狂った三月の野ウサギよりも頭が悪い、成功する望みはまったくないね」と、弟の背に向かって大声で言いました。

畑にやって来ると、テレイエシュは、見張るのに良い場所を探しました。彼は、小山の上の雑草の繁みを見つけましたが、そこからは、トウモロコシ畑のすべてが見渡せました。

真夜中が過ぎたころ、蹄を打ち鳴らす音で、地面が揺れはじめ、馬の群れが畑に押し寄せてきました。そのうちの一頭が、雑草の繁みの近くにやって来て、草を食べ始めました。一番下の息子は、すぐさま忍び寄り、飛び上がって、たてがみを掴んで馬を捕らえました。他の馬たちは、怯えて逃げ去りましたが、捕らえられた馬は、足をばたつかせ、跳ね上がって回転したり、身をよじらせたりしましたが、若者の強い手から逃れることはできませんでした。馬は、自由になるのは不可能だと悟ると、テレイエシュに懇願し始めました。

「敬愛するご主人様、私を原野に放ってください。あなたが必要とする時いつでも、私は助けに参ります。私のたてがみから三本の毛を抜いて、それを持っていてください。あなたが困難に陥ったら、それを取り出し、息を吹きかけ、こう言ってください。

〝ガイタン、魔法の馬よ、お前の牧場を後にしろ、
そして　お前の主人のもとへ　直ちに来い〟

そうすれば、私はすぐさまあなたの許に参ります」

少年は、馬のたてがみから三本の毛を抜いて、それを注意深く隠しました。

その日から、馬の群れが、トウモロコシ畑を踏み荒らすことはありませんでした。

ちょうどその時、国王は、とても美しい一番下の娘の婿を見つけたいと考え、使者を送り、そう触れさせました。多くの若者が、彼女を花嫁にしたいと切望しましたが、王は、最高の婿を得たいと望んでいました。彼は、宮殿中の最も高い塔に娘を置くと、地上から塔のバルコニーまで、白く狭い大理石の階段を作らせました。

それから彼は、誰であろうと、馬に乗ったまま大理石の階段を駆け上がり、王女のいるバルコニーに辿り着き、彼女の指から指輪を取った者は、彼女を妻にするであろう、と言いました。そして、運を試してみたいと望む若者は誰も、三日間のうちに、馬に乗って宮殿に来るよう、王国中に報せが送られました。

初日には、多くの王子や若者が、宮殿の前に集まりました。誰もが馬の背に跨り、幸運を摑もうと、興奮していました。

いたずら者の息子の二人の兄たちも、良い馬と高価な服を持っていましたので、この競い合いに参加したいと、父親の許しを求めました。

若い弟も、行きたがりました。

「お前は家にいろ。人々の前で我々に恥をかかせるようなことをするな！　お前は、乗る馬もきれいな服も持っていない。一体、どうやって行くと言うのか！」。兄たちは、彼に向かって怒鳴りました。

「今ちょうど、仕事をしていない白い牝馬があるので、それに乗って、私も行きますよ」と、テレイエシュは言いました。彼は、家の外に出ると、白い牝馬に跨り、王の宮殿に向かって出発しました。

彼が、道半ばまで来たところで、兄たちが彼に追いつき、彼の耳を殴り、顔を叩いたので、目から星が飛び出したようでした。

「家に帰れ、王様の娘は、お前のような者のためにある筈がない！」

テレイエシュは、一言も言葉を発しませんでした。彼は、そのまま進み続け、兄たちが遠く離れて見えなくなった時、三本の毛を取り出すと、息を吹きかけ、言いました。

〝ガイタン、魔法の馬よ、お前の牧場を後にしろ、
そして　お前の主人のもとへ　直ちに来い〟

奇跡のように、とても立派な馬が、彼の前に現れました。それは、波打つ長い尾、ビロードのような毛、それに巻き毛のたてがみを持った、漆黒の馬でした。馬は、前脚の蹄で地面を叩き、尋ねました。

「何をお望みでしょうか、ご主人様？」

「私は、王様の娘を花嫁に迎えたい」

「ちょっとお待ちください。出発の準備を致しましょう」

ガイタンは、金の鞍とあぶみ、それに銀のくつわを身に着けて、たちまち戻って来ました。主《あるじ》の前で、馬は、前脚を跳ね上げながら、頭を下げて言いました。

「私の左の耳に入り、右の耳から出て来てください」

若者は、馬の左耳に入り、花婿の衣装を身に着けて、右の耳から出てきました。

「どのように、あなた様をお連れしましょうか。風のように素早くでしょうか、それとも瞬く間にでしょうか？」

「風のようにでもなく、瞬く間にでもない。すべての中で最も勇敢な騎士に相応しい速さで、進んでくれ！」

馬は、丘を上がり下がりしながら、二人の兄たちに追いつくところまでやって来ました。兄たちは、それがテレイエシュだとは気付かず、道の脇に寄り、丁寧にお辞儀をすると尋ねました。

「だんな様、あなたはどこから来たのですか？」

「スラップ州（slap：平手打ちの意）から」彼は、兄たちの顔を平手打ちしながら、そう言い、馬を進めました。

宮殿では、音楽が演奏され、大勢の人々が競い合いが始まるのを待っていました。挑戦者の列の最後尾には、三人のうちの一番若い息子が、魔法の馬のガイタンとともに、並んでいました。彼は一番遅くやって来たので、運を試すのも最後となりました。王が競い合いを始めるよう、合図を送りましたが、挑戦した誰も、大理石の階段を上ることができませんでした。ついに、最後の乗り手の順番となりました。彼は、金の鞍と銀のくつわを付けた黒い馬に跨って、階段を駆け上がりましたが、少しゆっくり進み過ぎたので、バルコニーには届きませんでした。彼は馬を引き返しましたが、それ以上彼を見た者はありませんでした。

人々は、次の日に何が起こるか興味を抱きながら、宮殿を後にしました。

テレイェシュは、白い雌馬を置いてきたところまで戻って来ると、高価な服を鞍の下に隠し、黒馬を放しました。それから家に向かい、兄たちより前に帰り着きました。

二人の兄たちは、後から帰ってくると、自分たちがいかに馬を乗りこなしたか、鼻高々に自慢し始めました。そして、黒い馬に乗ったスラップ州の村の勇敢な若者が、塔のバルコニーにほとんど辿り着くところだったと、その様子を話しました。

次の日、兄たちが出発の準備を始めていたので、若い弟は、白い雌馬に乗って、先に出かけました。

道半ばで、兄たちは彼に追いつきましたが、とてもみすぼらしくぼろぼろの弟を見て、拳で殴ったり打ったりし、家に送り返そうとしました。彼は、兄たちの姿が見えなくなると、馬を止めて三本の毛を取り出すと、息を吹きかけ、言いました。

〝ガイタン、魔法の馬よ、お前の牧場を後にしろ、
そして　お前の主人のもとへ　直ちに来い〟

たちまち、まるで地面から飛び出たかのように、彼の前に魔法の馬が現れました。

「何をお望みでしょうか、ご主人様？」

「今日もまた、自分の運を試したい」

「私の左の耳に入り、右の耳から出て来てください」

若者は、馬の左耳に入ると、まるで彼の結婚披露パーティーでもあるかのような衣装を身に着け、右の耳から出てきました。

「どのように、あなた様をお連れしましょうか。風のように素早くでしょうか、それとも瞬く間にでしょうか？」

「風のように素早く」

馬は、つむじ風のように早く走ったので、打ち鳴らす蹄の下で、大地が揺れました。瞬きする間に、彼は兄たちに追いつきました。

「ようこそ、勇敢なだんな様！」兄たちが、お辞儀をし、道の脇に寄りながら言いました。

「あなた方が良い人たちなら、あなた方に良い一日を！」

「どこから来たのですか？」

「カフ州（cuff：殴るの意）から」彼は、そう言い、兄たちに近づいて、拳で激しく彼らを殴ると、馬に拍車をかけ、土ぼこりを残して素早く走り去ったので、兄たちは彼の姿を見ることもできませんでした。

人々の活気と喧騒、そして音楽家たちの演奏の内に、競い合いが再び始まりました。挑戦者の誰も、塔のバルコニーに近づくことができませんでしたが、魔法の馬に乗ったテレイェシュだけが、少し速く馬を走らせ、バルコニーに触れんばかりのところまで駆け上がりました。人々は、彼から目を離すことができず、彼の大胆さを不思議に思いました。三日目に何が起こるか興味を抱きながら、人々は家路に着きました。

最後の日がやって来ました。二人の兄たちは、夜明け前に出発しようと、準備をし始めました。テレイエシュも目覚め、出かける用意に取り掛かりました。

彼は、兄たちが彼を家に留め置こうと、何か仕事を言いつけるよりも前に、家を出ていました。兄たちは、道の半ばで彼に追いつきましたが、とても不機嫌の様子で、彼を鞭《むち》で叩きましたので、彼の背中はひりひり痛みました。

「家に帰れ、このバカ!」兄たちは叫びました。

テレイエシュは、馬を止め、兄たちが丘を通り過ぎてから、三本の馬の毛を取り出し、息を吹きかけ、言いました。

〝ガイタン、魔法の馬よ、お前の牧場を後にしろ、

そして　お前の主人のもとへ　直ちに来い〟

直ちに、魔法の馬が彼の前に現れ、言いました。

「何をお望みでしょうか、ご主人様？」

「私は、王様の娘を花嫁に迎えたい」

「私の耳を通り抜け、鞍にしっかり摑まってください」

テレイェシュは、馬の耳を通り抜け、豪華に盛装して出てきました。彼は、魔法の馬に跨ると、遥か彼方に目をやりました。

馬が尋ねました。

「どのように、あなた様をお連れしましょうか。風のように素早くでしょうか、それとも瞬く間にでしょうか？」

「瞬く間に」テレイェシュはこたえました。

彼があっという間に兄たちに追いつくと、兄たちは、道の脇へ寄り、深々とお辞儀をして、恭しく尋ねました。

「どこからお出でになったのですか、勇士様？」

「ウィップ州（whip: むち打つの意）から」彼はこたえ、むちを振り上げると、体が熱くなるほど、兄たちの肩に打ち当てました。

王の宮殿では、興奮が渦巻いていました。人々は活気と喧騒の中にあり、音楽家たちの演奏が行われていました。競い合いは、既に始まっていました。何人もの王子たちが、馬にむち打ちましたが、誰も階段の二、三段以上は上れませんでした。とうとうテレイエシュと魔法の馬ガイタンの番になりました。彼は、人々の間を閃光のように駆け抜けると、宮殿の塔のバルコニーに、真っすぐに飛び上がりました。王の娘は彼女の指輪を彼に与え、テレイエシュは、彼女の手にキスをしました。王の娘が彼の頭に手を置くと、彼の髪の毛は金色に変わりました。

テレイエシュは、馬に拍車を掛けると、駆け去りました。

馬は、彼の白い牝馬が草を食んでいる原の近くで止まり、彼は、豪華な衣装を鞍の下に置くと、黒馬を放しました。それから、彼は、牝馬に乗って家に向かいました。

王は、宴席を用意し、松明を灯して待ちましたが、花婿はあっと言う間に姿を消しましたので、誰も彼がどこにいるか知りませんでした。花婿が戻って来ないと知ると、王は、兵に彼を探させに行かせました。

兵たちは出発し、昼も夜も、村から村へ、家から家へ、足を踏み入れましたが、指輪をした若者を探すことはできませんでした。

ある日、兵たちは、三人の息子を持った老人の家にやって来ました。二人の兄たちは、王の使者を目にして、帽子を手にして跪《ひざまず》きました。

「他の兄弟はどこか？」

「弟は、ストーブの傍に座って、灰の中に足を突っ込んで暖めています」

「彼を呼び、我々に彼を検分させなさい。王様の命令である。誰も見逃すことはできない」

二人の兄たちは、弟を呼んで言いました。

「帽子を脱ぎなさい。こちらは王様のご使者ですよ」

「私たちの粗末な住まいに、ようこそ」テレイェシュは言いました。

彼が帽子を脱ぐと、彼の金髪で、周りのすべてが輝き照らし出されました。廷臣と兵たちは、王の宮殿に彼を連れ帰りました。

王は、馬にも乗らず、手織りのシャツを着て、毛糸のスカーフを腰に巻いた、裸足のテレイェシュを見ると、王国の境界を越え、宮殿から遠く離れた小屋に、彼を送るよう命令し、いかなる結婚の祝宴を執り行うこともありませんでした。彼は、娘に次のように言い、テレイェシュの後を追わせました。

「わしが生きている限り、わしがあの小屋に行くことはない。もしわしが、頭をそちらに向け、小屋を見るようなことがあれば、わしは、失明することになろう！」

王は、玉座に着いてこう誓い、結婚の祝宴を待っていたすべての人々を帰らせました。

王の娘は、これまで想像もしなかった生活が待っていると思われたので、深い悲しみを抱いたまま、粗末な小屋に向かいましたが、テレイェシュは、魔法の馬ガイタンを呼び出すと、小屋の内部をどの宮殿よりも美しいものにさせましたので、二人は、長いことそこで幸せに暮らしました。


ある日、悪い報せが王国中に流布しました。敵の軍隊が、王の国境を越え、戦争を仕掛けてきたのでした。

王は、ラッパ隊を王国の隅々に送り、テレイェシュの義兄となる二人の婿を呼ぶと、それぞれに軍隊を与え、戦争に送り出すことにしました。

戦争のことを聞きつけ、王の一番若い娘は、王の三番目の婿テレイェシュの頼みを携えて、王に会いに行き、彼を戦争に送るよう頼みました。

「彼は、どう戦うというのだ？　馬も剣も、棍棒も軍服も持っていないではないか」

「殿下、彼が望むなら、彼に正規兵の装備を与え、行かせてください」一番上の婿が言いました。

「良かろう」王は言いました、「彼に、百五歳のロバを取らせ、行かせよう」

一番若い娘は、この知らせを携え小屋に戻りました。テレイェシュは、軍隊に受け入れてもらえたことを喜び、年老いたロバに跨り戦争に向かいました。ロバを急がせ、橋までやって来たとき、ロバは深い泥に嵌ってしまいました。彼は、ロバを引っ張り上げることはできないと見て取り、少なくとも、その毛皮を失ってはならないと考えました。彼が、毛皮を持って道にやって来た時、たまたま王が、将軍たちと軍隊を引き連れて、通り過ぎようとしていました。

「見ろ、勇敢な我が兵士がいるぞ！　彼は、今ロバの皮を剝ぎ、家に持ち帰ろうとしているぞ」

王は笑い、戦場に向かって行きました。

テレイェシュは、王が見えなくなるまで、道に沿って毛皮を引きずって行き、それから三本の毛を取り出すと、息を吹きかけ、言いました。

〝ガイタン、魔法の馬よ、お前の牧場を後にしろ、
そして　お前の主人のもとへ　直ちに来い〟

直ちに、彼の前に魔法の馬が立ち現れました。

「何をお望みですか、ご主人様？」

「お前とともに、戦争に行きたいと思う」

「私が戦いの準備をする間、ちょっとお待ちください」

一瞬の内に、馬は金の鞍、銀のあぶみ、それに絹の手綱を着けて、戻って来ました。

「さあ、ご主人様、私の耳を通り抜け、先へ進んで参りましょう」

テレイェシュは、馬の耳を通り抜けると、幅広の剣と棍棒を手に、戦いの準備を整え、出てきました。

「どのように、あなた様をお連れしましょうか。風のように素早くでしょうか、それとも瞬く間にでしょうか？」、馬が聞きました。

「風のようにでもなく、瞬く間でもなく、勇敢な戦士の軍馬のように。味方に手を貸せるよう、戦いが最も激しいところへ、私を連れて行ってくれ」

彼らが戦場に着いた時、王と一番上の婿は敗北しかかっており、兵は統制されておらず、将軍たちは降参するところでした。

テレイェシュは、鷹のように敵兵に襲いかかると、幅広の剣で右、左と切り払いました。敵兵は、草刈り鎌で刈られた草のように、地面に倒れてしまいました。

王は、勝利を見て取り、この勇敢な兵士を、王宮での戦勝祝いの宴に招待しました。

「来るが良い、そして食卓では、わしの右隣の席に着くが良い」

「殿下、お怒りにならないでください、宴にはまた日を改めて伺います」テレイェシュは、そうこたえ、馬に拍車をかけると駆け去ってしまいました。

ロバと一緒に泥に嵌った橋まで来て、彼は、馬から下り、馬の耳を通り抜けると、以前のようにみすぼらしい姿になりました。馬は自分の牧場に戻り、一方テレイェシュは、ロバの皮を手にして、家に向かいました。

彼がしばらく歩いたところで、王が追いついて来ました。

「何ということだ、あの勇敢な我が兵士は、まだ家には着いていない。彼は、我々より前に家に向かったが、辿り着くのは我々より後になろう。我々と言えば、戦争に行き、戦い、勝利したというのに」王は、一番上の婿に言いました。

宮殿では、王が盛大な戦勝祝いの宴を催しましたが、それは数日間続きました。

その後すぐ、別の敵が王の国境に攻め込んできました。

王は、再び兵を集め、上の義理の息子とともに、戦争に行く準備を整えました。王の出発の直前に、一番若い娘がやって来て、自分も戦いに連れて行って欲しいというテレイェシュの要望を伝えました。

「彼には、給水車用の老いぼれ馬を取らせ、行きたければ、行かせよう」王は言いました。

テレイェシュは、給水車から老馬を取ると、先へ進んで行きました。彼は、馬に揺られゆられ、ロバが泥に嵌った橋までやって来ました。馬も泥に嵌ってしまいましたが、痩せて、とても年老いていたので、そこから抜け出す力はありませんでした。その後すぐに、王と二人の義理の息子と、軍隊が姿を現しました。

「見るが良い、あのふらち者を！　彼は、わしの馬を埋葬してくれたようだ！」

すべての軍隊が通り過ぎ、誰の姿も見えなくなったとき、テレイェシュは、三本の毛を取り出し、息を吹きかけて言いました。

〝ガイタン、魔法の馬よ、お前の牧場を後にしろ、
そして　お前の主人のもとへ　直ちに来い〟

「何をお望みですか、ご主人様？」魔法の馬が、直ちに彼の前に現れ、言いました。

「お前とともに、戦争に行きたいと思う」

「私の耳を通り抜けて、乗ってください」

テレイェシュが、幅広の剣を身に着け、あぶみにしっかり足をのせて、戦いの装いを整える

と、馬が尋ねました。

「どのように、あなた様をお連れしましょうか。風のように素早くでしょうか、それとも瞬く間にでしょうか？」

「風のようにでもなく、瞬く間でもなく、勇敢な戦士の軍馬のように。味方に手を貸せるよう、戦いが最も激しいところへ、私を連れて行ってくれ」

馬が出発し、丘を登り谷を下り、戦場に着いたときには、王と将軍たちは敗北しかかっていました。テレイイェシュは、鷹のように敵に襲いかかると、麦畑の麦刈り人のように、敵を一隊列ごと薙ぎ倒しました。

敵軍の、他の兵より勇敢だった一人が、必死にテレイイェシュに挑みかかり、彼の腕に僅かな傷をつけましたが、皆すぐ恐れをなし、怖がって逃げて行きました。

王は、その勇敢な兵士が負傷したことを見るや、自分の絹のハンカチを取り出し、それで彼の傷口を巻いてやり、言いました。

「我が勇敢な若者よ、そなたは、我々を窮地から救ってくれた。戦勝祝いの宴に歓迎したい。祝宴のテーブルでは、わしの右隣の席に座るが良い！」

「殿下、また日を改めて、王様の祝宴に参ります、どうか悪く取らないでください。今は参れません」テレイイェシュは、そう言うと、馬に拍車を掛け、行ってしまいました。

橋のところで、魔法の馬を放つと、老いぼれ馬の皮を剝ぎ、家路に着きました。

宮殿では、終わりもないような盛大な祝宴が開かれていました。

王妃は、その日が、陽気で嬉しい祝宴の素晴らしい日でしたので、二度の戦勝を喜びながらも、一番下の娘の運命を不憫に思い、祝宴からいくらかの食べ物と飲み物を手にすると、娘に届けようと小屋に向かいました。彼女はドアをノックしましたが、誰も返事をしませんでした。窓から中を覗いて見ると、若い二人が寝ていて、彼女の義理の息子の腕に、王のハンカチが巻かれていたのでした。王妃は、王のもとへ、息を切らして飛んで帰りました。

「王様、王様、私は、あなたのハンカチを、一番下の婿の小屋で見ましたよ！」

「どこでだって？　どうして？　あり得ぬ！　あの負傷した兵は、とっくに遠くに行っているはずだ！」

「いえ、いえ！　この目で見たのです。行ってご覧なさい。彼は、あなたのハンカチを腕に巻いて、横になって寝ていますよ」

王が行き、頭を小屋に向けたとき、突然目が見えなくなりました。お付きの者たちが、手を引いて、王を連れ帰りました。宮殿での楽しみは打ち切られ、王が失明してしまった悲しみが、国中を覆いました。多くの医者や年嵩の賢い婦人たちが、様々な魔力のある品や薬草を携えてやって来ましたが、治すことはできませんでした。王は、日々を暗闇の中で過ごしました。

やがて、もし王が、雌ライオンから採った乳を目に塗れば、視力を取り戻すだろうと、人々が口々に言いました。二人の上の婿は、ライオンの乳を見つけ、義父を苦難から救うため、広い世界に出かける準備を始めました。婿たちの出発に先立ち、王が祝福を与えていたとき、一番若い娘がやって来て、テレイェシュにも馬を与え、薬を探しに行くことを認めて欲しいと、王に頼みました。

「下がれ、あの者のことを思い出させないでくれ。彼こそ、今のわしの苦しみの原因なのだ」

「殿下、彼に馬を与え、行かせてください。たぶん彼は、苦しまれている殿下を、再び悩ませることになるなら、戻っては来ないでしょう」上の婿たちが言いました。

「二番目の給水車から、老いぼれ馬を取らせ、あの者を行かせるが良い。彼のことを、これ以上何も聞きたくない！」

王の娘は、王の言葉に傷つき、重い気持ちでテレイェシュのところに戻り、彼にすべてを伝えました。彼は、彼女を落ち着かせ、給水車から馬を取ると、直ちに出発しました。

彼は、長いこと馬に乗って、開かれた場所まで来ると、馬に草を食ませ、その間に三本の毛を取り出すと、魔法の馬を呼び出しました。

「何をお望みでしょうか、ご主人様？」馬は、直ちに現れ、言いました。

「王が失明された。そして王は、もしライオンの乳を目に塗れば、視力を取り戻せるだろうと、聞き及んでいる」

「そのような乳を持つライオンは、この世でただ一頭いるだけです」ガイタンは言いました。

テレイエシュと魔法の馬は、誰も見ることはできないほど、素早く走り、ハエさえも飛ぶことのできない深い森にやって来ました。魔法の馬は、森の一番高い木を越え、その乳を持ったライオンが横たわっているところに、真っ直ぐ飛んで行きました。雌ライオンは巣穴で眠っていましたので、ガイタンは、四つの蹄でライオンの上に飛び乗り、地面に押し付けたので、ライオンは動くことができませんでした。テレイエシュは、馬から下り、水差しいっぱいライオンの乳を採ると、注意深く水差しを包み、また馬に跨って、風のように駆け去りました。ライオンたちが、後を追い、とても大きな声で吠《ほ》えたので、森の木々がギシギシ音を立てましたが、追いつくことはできませんでした。しばらくして、ガイタンは歩みを緩めると、自分の主人に言いました。

「すぐに、あなたの義理の兄さんたちに会うでしょう。彼らは、とても長いこと旅しましたが、何も見つけることができず、家に戻ろうとしています」

「私が思い出せる限り、私の義兄たちと王は、私を追い払おうと懸命だったが、人々がいみじくもいう通り、誰かを陥れようと穴を掘る者は、自らがその落とし穴に落ちることになる。親愛なる魔法の馬よ、義兄たちに持たせる乳を採るため、私を牛の群れのあるところに連れて行ってくれ」

牛の乳を採った後、ガイタンは三度空中に飛び上がると、老いた牛に姿を変え、テレイエシュもまた、腰まで伸びた髭をつけた老人に姿を変えました。テレイエシュは、年老いた牛飼いがするように、ゆっくりと牛を引いて行き、彼らは、王の二人の義理の息子に会いました。

「こんにちは、王子様方」老人が言いました。

「こんにちは、ご老人！」

「あなた方は、なぜ、鳥さえも飛ばないような、この不毛の地を通っているのじゃな？」

「厄介なことがあり、ここまで来たのです。我らが老王は、目が不自由なのですが、ライオンの乳で治せると聞き及んだのです。私たちは、それを見つけに出発したのですが」

「ああ、お若い方々、そのような考えは諦めなさい。私も、若いころ、目が見えなくなった若い妻への深い愛から、長い旅に出て、何とかライオンの乳を見つけたが、ご覧の通り、こんなに年老いて戻って来たのじゃ。たとえ、薬を見つけたとしても、戻った時に、王様が生きているとも限らない、王様のような老人のために、遠くまで行く必要はなかろう」

これから行かねばならない長い旅のことを聞き、義理の息子たちは、落胆しましたが、与えられた任務を果たさねばならないとも考え、老人に尋ねました。

「ご老人、ライオンの乳を少し分けてくれませんか、あなたの望むものを何でも、いやそれ以上に、お返ししましょう」

「私の希望が、お前さん方に受け入れてもらえるかどうか、分からないが」

「金や土地、あるいは城なら、差し上げられますが……」

「いや、そういうものはいらないが、私の焼き印を、お前さん方の背中で試してみたいのじゃが」

若い二人は互いに顔を見合わせ、ひそひそ話していましたが、自分たちの背中で焼き印を試すことに同意しましょう、とこたえました。

すぐに、小枝や芝が集められ、火を点け、焼き印が熱せられると、老人は、彼らの背中に　それを押し付け、〈テレイエシュ〉という名を刻印しました。それから、老人は、彼らに牛の乳を与え、別れを告げました。

若者たちは、乳を手に入れたので、大いに喜び、焼き印によるやけどの痛みは感じませんでした。二人は、できるだけ急いで、王の宮殿に駆け付けました。彼らは、到着すると、真っすぐ王のところに行き、深々とお辞儀をして、言いました。

〃輝かしき王様！　輝かしき王様！
私たちは　世界を　ぐるっと一回り　してきました、
たくさんの　素晴らしいものを　見てきました、
さあ　あなた様に　あの薬を　お持ちしました！〃

王は、大喜びし、彼らが持ってきた乳を、一回、二回、三回と、目に擦りつけさせましたが、王は、まだ何も見えませんでした。それどころか、痛みはひどくなり、ずきずき疼《うず》きました。宮殿の誰もが、王の目が治らないので、涙を流しているちょうどその時、王の一番若い娘が、テレイェシュから受け取ったライオンの乳を持って、やって来ました。王の前で跪くと、彼女は言いました。

「殿下、これで目を洗ってみてください」

〃九十九の　海を　越え、
九十九の　草原を　越え、
あなた様の　視力を　取り戻すため、
あなた様が　太陽の光を　見ることができるよう、

さあ　この乳を　お取りください、お願いします、
今日　お持ちした　乳を！〟

「向こうへ行け、そなたたちは、生命でなく、死をもたらそうとしている」

「この薬をつけ、もし悪くなったとお感じになったら、私どもに死をお与えください」娘は、涙を流しながら、言いました。

側近たちが、おそるおそる乳を王の目に当てると、王が歓喜して大声で叫びました。

「光が見える！　わしの目を、もう一度洗ってみてくれ」

彼らは、王の目を、もう一度乳で洗いました。

「以前と同じように、見えるぞ！」王が叫びました。


まさにその時、宮殿で大宴会が始まりました。王は、テレイエシュを呼び、テーブルの右隣の上席に座らせ、他の二人の婿を左に座らせました。すべての廷臣たちが集まり、宴会が最高潮に達したとき、誰かが、昔ながらの習慣に従って、賓客は一人ひとり、これまでの自分の経験から、ジョークか、物語か、あるいはできごとを披露してはどうかと、提案しました。誰もが、心に浮かんできたことを話しました。

テレイェシュの番になり、彼は、立ち上がって、話し始めました。

「むかし、三人の息子を持つ、老人がおりました。ある春、彼は、畑いっぱいにトウモロコシの種を蒔きました。トウモロコシが大きく成長したとき、馬の群れがやって来て、トウモロコシを踏みつぶしてしまいました。三人の息子たちは、畑を見守りました。一番若い息子は、群れから一頭の馬を捕まえました。彼が、その馬を、生きたまま放ち、自由にしてやったところ、馬は、彼の生涯の良き友になりました。その国の王様は、一番若い娘を嫁がせたいと望んでいました。王は、可能な限り最高の婿を得たいと望んだので、彼は、娘を宮殿の一つの塔に置きました。そして、塔のバルコニーまで届く大理石の階段を作り、馬に跨って、娘のバルコニーまで駆け上がった若者は、彼女を花嫁にすることができるだろうと、触れさせました。一番若い息子が、塔の上まで駆け上がり、そのまま姿を消しました。王様の兵隊たちが、家にいるその息子を見つけ、宮殿に連れて来ました。王様は、ただの田舎の若者を、婿にすることは望んでいなかったので、彼と王様の娘を、遠くの小屋に追いやりました。二度、敵が王国を侵略しましたが、二度とも一番若い婿のお陰で、敵は敗北しました。

「王様は、その小屋には行かぬ、もし行くことがあったら、自分は視力を失うだろうと、誓いを立てました。盛大な戦勝祝いの最中のこと、王様は、腕に王様のハンカチを巻いた一番若い義理の息子を見たという、王妃の言葉を信じず、自ら行き、小屋の窓から中を覗こうとして、失明してしまいました。医者の薬も、老婦人たちの薬草も、彼を治せませんでした。それから、彼は、ライオンの乳で視野を回復することができると聞き、婿たちを探しに行かせました。

「二人の上の婿たちは、長いこと馬に乗って行き、途中で、妻の失明を治す乳を携え、遠くから戻って来た一人の老人に会いました。王子たちは、王様のために乳を数滴分けて欲しいと、老人に頼みました。老人は、ライオンではなく、牛の乳を彼らに与えました。

〝彼らは　彼の言い値に　同意しました、
そして　嘘偽りないことを　申しましょう、
彼の　焼き印の　標しが
まだ　彼らの　背中に　残っていることを！〟

「さて、親愛なる王子様方、焼き印の跡を見せてください」テレイイェシュは、二人の王の婿たちに言いました。

婿たちが背中を見せ、人々は、そこに〈テレイイェシュ〉と刻印されているのを見ました。

「もしそなたが、今そなたが話した勇敢な兵士だと言うなら、以前そうしたように、盛装し騎乗した姿を見せてみよ、そうすれば、我々はそなたの言葉を信じよう」王が言いました。

テレイェシュが、魔法の馬ガイタンを呼び、勇壮な姿で現れると、その凛々しい姿を見て、誰もが彼を信じました。王は、彼の王国を一番若い婿に譲り渡しました。

その日から、テレイェシュは、王国を治め、何年も支配しました。多分、彼は、今でも君臨しているでしょう、もしまだ、彼が生きているのなら。

第十話　緑の小箱

それは、ポプラの木が西洋梨の実をつけ、柳がサクランボを実らせたというはるか昔のことでした。

その頃、一人の少年がおりました。少年は、一年働き、二年、三年と働き、七年、九年と働きましたが、わずかの食べ物を得たばかりでした。しまいには三日働いて、三粒の胡桃《クルミ》しか手に入りませんでした。それを見て、彼は、困難な生活と不幸の中で人生を終えることはできないと思い、広い世界に出て行きました。

彼は、長いこと、歩きに歩いて行き、多くの帝国を通り過ぎ、ある泉のあるところまでやって来ました。彼は、そこで一休みしようと立ち止まり、水を飲み、胡桃を食べようと取り出しましたが、ふと、ある考えが浮かびました。

「もし私がこの胡桃を食べてしまえば、それでなくなってしまうが、もしそれを植えれば、三本の胡桃の木が育つだろう。そこを通る者誰でも、その木陰で休み、胡桃を食べることができ、胡桃を植えた者のことを、感謝の言葉とともに思い起こすだろう。

彼は、三つの胡桃を植え、泉の水を遣り、先へ進んで行きました。しばらくして、彼がその場所に戻ってみると、胡桃の木は大きくなっているのでした。彼はまたそこで一休みしました。休んでいる間、彼は、水筒を取り出して泉の水を汲み、飲もうと水筒を持ち上げました。

「ご主人様」一本の胡桃の木から、声が聞こえてきました、「私に、一口水をください！」

イオンは、これが少年の名前ですが、振り返って見ましたが、誰もいませんでした。

「ここを見て、木の幹にある窪みに、水を注いでください！」

彼がよく眺めてみると、一本の木の幹に、窪みがあるのが見えました。彼が水筒の水をすべてその窪みに注ぐと、何かが裂け、笛のような音が聞こえてきました。その木が二つに裂け、そこから大きなヘビが現れ出てきました。ヘビが言いました。

「イオン、あなたは私に親切にしてくれたので、大きな褒美を受けていただくことができます」

「褒美のために、したわけではないのだが」

「私の父のところに一緒に参りましょう。彼は、あなたから私がいただいた親切に、どう報いたら良いかと尋ねるでしょう。あなたは、緑の小箱のほかは何も欲しくないと、こたえねばなりません。彼は、あなたを三度試すまで、それを与えることはありません。彼は、三人の妖精を連れて来るでしょう。彼女らは、皆とても似ています。その目、その眉、その服、そのネッカチーフ、すべてがそっくりです。父は、誰が一番年上か、二番目は誰か、そして一番若いのは誰か、あなたに言い当てられるか、尋ねるでしょう。三人の妖精たちは、まったくそっくりで、とても美しいので、これまで誰も言い当てることはできませんでした」

「それで、どう、言い当てれば良いのですか？」

「心配いりません！　私はハエに姿を変え、一番上の妖精には、その額に止まりましょう、二番目の妖精にはその鼻に、一番若い妖精にはその顎に。そうすれば、あなたは三人を見分けられるでしょう」

そう言うと、ヘビは三対の翼を広げて言いました。

「私の背中に乗りなさい。遠い、とても遠いが、行かねばならないところへ、あなたを連れて行きましょう。そこはあまりに遠いので、そこへ行く道は想像することさえできません」

イオンはヘビに乗りましたが、ヘビは地上をゆっくり進んだりしませんでした。彼は、疾風のように空を飛びました。そのあまりの速さに、後方で空気が笛のように鳴りました。彼らは、言葉で言い表すのも難しいほど、とても美しい宮殿の前に下り立ちました。

ヘビの皇帝は、息子が無事で怪我もなく戻ってきたのを知ると、喜びで興奮しました。彼は、門を開けると、食卓を設え、松明《たいまつ》に火を灯して言いました。

「テーブルいっぱいのご馳走と、極上の飲み物を楽しむが良い！」

ヘビの皇帝は、息子を目の当たりにして、大いに喜びました。彼は、愛すべき息子を世界のどこかに失ってしまったと、思い込んでいたのでした。

ヘビが、父親に言いました。

「この若者が、私を助けてくれたのです。私は、彼が植えた木で休み、彼が与えてくれた水で喉の渇きを癒し、力を回復したのです」

「そなたの親切に、何を以て報いようか？

黄金か、金か、そなたは何を望むか？」

イオンはこたえました。

「私は、緑の小箱の他は、何も望みません」

「もしそなたが、自分の意思でそう望むなら、そなたは賢い若者だ。だがもし誰かが、そなたにそう勧めたのなら、その者はそなたに良いことがあるよう望んでいる。さて、そなたが、緑の小箱を手に入れたいと望むなら、三人の妖精のうち、誰が一番年長で、誰が二番目で、誰が一番若いか、言い当てねばならないぞ」

皇帝が命令を出すと、三人の少女の妖精が、入って来ました。三人の妖精は、同じ身長で、皆同じように、両肩に明けの明星、そして背中に月の飾り、胸と膝に金貨で飾られた太陽の装飾を付けていましたので、まったく見分けがつきません。

イオンは、長いこと彼女らを見ていましたが、見分けることができませんでした。その時ふと、一人の妖精の額に一匹のハエがとまっているのに気付きました。

「これは、一番上の妖精です！」

「そなたは、言い当てた」

三人の妖精は、部屋を後にすると、銀のドレスを着て、戻って来ました。彼女らは皆、真昼の太陽のような美しさでした。

「さて、今度は二番目を当てねばならないぞ」皇帝が言いました。

今度もイオンは、見分けられませんでした。でもすぐ、ハエが一人の妖精の鼻にとまりました。

「これは、二番目の妖精です！」

「その通りだ」皇帝が言いました。

妖精たちは、出て行き、別の服に着替えました。彼女らは、とても美しく着飾っていたので、何か他の物で見分けることは困難でした。彼女らは皆、マツユキソウの花のイヤリング、ライムの花のネックレスを着けており、とても良く似ていました！

「さて、そなたは、彼女らの誰が一番若い妖精か、言い当てねばならないぞ」

イオンは、順番に彼女らを見ましたが、同じ顔、同じ目、金で飾られた服ばかりが目に入りました。年齢で判断できたかも知れませんが、実際には見分けることは不可能でした。ハエが、一番若い妖精のあごにとまったとき、イオンは、彼女の肩に手をかけて言いました。

「彼女はここにいます、陛下！」

「そなたは、緑の小箱を手にしたぞ！」

ヘビの帝国の三人の妖精たちは、それぞれ小箱を持っていました。一番上の妖精は、赤い小箱を、二番目は白の小箱を、一番若い妖精は緑の小箱を持っていました。これらの小箱は、ヘビの帝国で妖精たちに与えられる持参金でした。

皇帝は、棚から、三番目の妖精の緑の小箱を取ると、それをイオンに与えました。

イオンは、礼を言い、それから尋ねました。

「さて、私は元いた場所に、どう戻れば良いでしょうか?」

ヘビの皇帝が、ひと度口笛を吹くと、鞍をつけ、手綱を設えた、あとは乗るばかりに準備された馬が現れました。

「この馬で行くが良い! 馬に、たくさんの真っ赤に焼けた石炭を与えよ、だが、左にも右にも行かず真っすぐ進むよう言いなさい。わしの帝国の国境まで行ったら、手綱を馬の背中に置きなさい、そうすれが馬は自分でここに戻って来よう」

イオンは、馬に真っ赤に焼けた石炭を食べさせ、その背に跨りました。馬は、速足で走り始めると、いななき、蹄で火花を散らしました。さほど遠くまで行かぬうちに、突然、深い森から、翼と金の鱗を持った雌の龍が現れました。龍は、体半分を地上に引きずらせながら、馬の後ろ脚の一つに巻きつきました。

イオンは不動のまま、それを見ていました。彼は、龍から逃れようと、もっと速く走るよう馬に鞭《むち》を当てましたが、龍は歯と爪で馬の脚に巻きついたまま、離れませんでした。そこでイオンは龍に鞭を打ち始めたのですが、その時、龍が人間の声で言いました。

「私を打たないで、勇敢な若者よ、お前の命は私の手中にあるのだから。もし私を生かしてくれるなら、お前は大丈夫。もし私を殺すなら、お前は大きな困難に巻き込まれるだろう」

勇敢な若者は、長いこと馬に乗り、深い森を抜け出て、帝国の国境までやって来たところで、馬が彼に言いました。

「私は、国境を越えて、その先に行くことはできません」そう言うと、道半ばで、彼を置いて行ってしまいました。

馬の脚から体を解いた雌の龍が、イオンに言いました。

「悲しがることはない、ここから先は、私がお前の案内役になろう」


イオンは、緑の小箱を携え、雌の龍に伴われて、金の縁石に囲われ、銀の撥ねつるべと真珠でできた桶が設えられた井戸まで、進んで行きました。そこには、二つの金のコップが置かれていました。一つのコップには水が満ちており、他は空でした。

お腹が空いて、喉も乾いていたので、イオンは、井戸の近くで休みを取りました。彼は、いくらかの水を掬うと、体を洗い、それから食べ物を食べようと腰を下ろし、冷たい水をコップ一杯飲むと、ウトウトし始め、すぐに眠りに落ちてしまいました。

雌龍は、飛び上がって身を翻すと、ヘビの皮を脱ぎ捨て、とても美しい少女に姿を変えましたが、その美しさは、夜明けの太陽のようでもあり、満開のリンゴの木のようでもありました。彼女は、イオンの頭を持ち上げ、自らの腕の中に抱え込みましたので、彼は良く眠ることができました。

イオンは、しばらく眠り、目を覚ますと少女を目にして、言いました。

「ああ、私にこのようなフィアンセがいるなら、彼女のために、できることは何でもするだろう！」

この言葉を聞いて、少女が言いました。

「私は、あなたに選ばれたのではないでしょうか？　私は、一歩一歩あなたの跡を辿って、緑の小箱を追ってきた龍です。あなたは、三人の姉妹のうちの私に、結婚して欲しいと言ってくれたのですね」

イオンは、とても興奮して言いました。

「私は、恐ろしい雌龍を見て、混乱し恐怖でいっぱいでした。誰でも、その皮を見れば、逃げ出すでしょう」

「私は、それを着るよう、呪《のろ》いをかけられていて、捨て去ることができないのです」

「もしあなたが、私の運命の妻であるなら、あなたの言う通りにしましょう。私たちは、互いが互いの下僕《しもべ》のよう支え合って行きましょう」

二人は歩きに歩いて、三本の胡桃の木のあるところに、やって来ました。

そこで二人は、小屋を建てて暮らしました。夜の間、彼女はとても美しい女性でしたが、昼間は、雌龍でした。

イオンは、森へ狩りに行き、井戸から水を持って帰りました。小屋へ帰る時はいつでも、彼の心は喜びでいっぱいになりました。小屋の内壁は貴重な石で飾られていて、その輝きで、夜も昼に変わるようでした。テーブルや椅子は金箔が施され、ベッドは豪華なベッドカバーで覆われていましたが、すべては、緑の小箱から取り出したものでした。イオンにとって、ただ一つ残念なことは、昼間には、彼の妻が龍に姿を変えてしまうことでした。

ある日、イオンは、彼女に言いました。

「我が愛しの妻よ、私に焼き菓子を作ってくれないか。市に行って、牝の子ヤギと牝の子牛を買い、この小屋で育てようと思うのだが」

彼女は、これを聞くと、龍の皮を脱ぎ、焼き菓子を作り始めました。彼女は、パン生地を捏《こ》ね、オーブンに火を点けました。焼き菓子ができあがると、イオンは、それを携えて出かけました。

イオンは、焼き菓子を売って得た金と貴重な石を支払って、一匹の牝の子羊と、一匹の牝の子牛を買いました。さて、その後に何が起ったでしょう?!

イオンは、家の物をもう少し買いに、別の市に行くと言い、また、妻に焼き菓子を作ってくれるよう、頼みました。

彼の妻は、急いでヘビの皮を脱ぐと、オーブンに火を点け、手桶を手にすると、水を取りに行きました。

イオンは、一人小屋に残っていましたが、彼が何をしたと思いますか? 彼は、ヘビの皮を摑むと、それを火の中に投げ入れてしまいました。

「彼女は、身に纏うものを、これ以上持たずに済む。これで彼女は、永遠に美しい女性のままでいられるだろう」

彼女は、皮が焼ける匂いに気付き、走って彼の元に戻ると、言いました。

「ああ、どうしよう、もしあなたが、自分一人の考えで、そんなことをしたのなら、あなたは間違った判断をしました。もし誰かが、あなたにそうするよう教えたのなら、その人はあなたに悪意を持っています。もう三日経てば、私は呪いから解放されるところでした。二匹の龍が、私をヘビの帝国に連れ戻しにやって来るでしょう」

彼女は、美しい女性のままでしたが、とても暗く、悲しそうでした。

焼けた皮の匂いが、ヘビの帝国にまで届きました。そして、すべてのヘビと龍の皇后である年老いた母親のヘビは、ヘビの皮が焼かれたことを知ると、妖精を帝国に連れ戻そうと、翼と金の鱗を持った二頭の龍を差し向けました。

二頭の龍は、空を風のように飛び、瞬く間にイオンの住む土地にやって来ました。

彼らは、小屋に近づいて、言いました。

「我らは、妖精をヘビの帝国に連れ戻してくるよう、命令を受けてきた！」

美しい妖精は、置かれた状況を落ち着いて頭に浮かべ、イオンに言いました。

「急いで、外へ出て、あの牝の子羊を彼らに与え、『これが、私がヘビの帝国から連れてきた少女だ』と告げてください」

イオンは、小屋の外に出ると、牝の子羊を、湿原で探し、それから木立で探して、羊の群れの中で見つけ、それを龍のところに持って行きました。

二頭の龍は、それを取ると、何も言わずにその場を去り、深い谷を越え、いくつもの冷たい泉を通り過ぎ、帝国の国境までやって来ました。その木立の中で、カッコウが歌っていて、龍たちに言いました。

〝カッコウ！　カッコウ！　龍たちは、牝の子羊を連れ帰り、少女を置いてきた！〟

それを聞いて、二頭の龍は、羊を食べてしまうと、身を翻して小屋へ向かいました。

「イオン、少女を寄こせ、さもないと俺たちは、羊を食べたようにお前を食べてしまうぞ」

美しい少女が、イオンに言いました。

「急いで行って、牝の子牛を与えて、彼らを追い払ってください」

二頭の龍は、牝の子牛を取って去りました。また彼らは、帝国の国境で、カッコウが歌うのを聞きました。

〝カッコウ！　カッコウ！　龍たちは、牝の子牛を連れ帰り、少女を置いてきた！〟

龍たちは、今度はカッコウの歌には少しも注意を払わず、ヘビの宮殿に戻りました。

ヘビの皇后である年老いた雌龍は、子牛を見て、もう少しで龍たちを殺すところでした。

「ここから立ち去れ！　この庭園で、お前たちの足跡さえも見たくない！　役立たず！　お前たちは、妖精の代わりに、牝の子牛を持ち帰ったのだ！」

彼女が鋭い目で睨んだので、龍たちは、〝恐れの森〟の奥深くに、逃げ込んでしまいました。

それから彼女は、皇帝に謁見すると、皇帝ともども会議を開き、皇帝自身が小箱とともに妖精を連れ戻しに行くことに決めました。

皇帝は、明るい色の鹿毛馬に鞍を置くと、それに跨り、風のように森を飛び抜け、大地を揺るがせました。

彼が小屋に近づいたとき、妖精が言いました。

「外に出て、イオン、何がそこにあるか見て」

イオンは、目を凝らして見て、言いました。

「地面から空まで、暗闇だ」

「それは暗闇ではないわ、皇帝よ。彼は、私を連れ戻しに来たのよ。でも、怖がらないで。私は、聖杯ほど大きい葡萄を実らせた葡萄園に姿を変え、あなたは、農園主に姿を変えましょう。彼があなたに、若者と少女を見なかったかと尋ねたら、葡萄畑の植え付けしているとき、二人が通り過ぎるのを見たと、こたえてください」

瞬きする間もなく、少女は、美しい灌木が列をなす葡萄園に姿を変え、イオンを、白い髭をたくわえた老人に変えました。

皇帝は、彼のところまでやって来ると、馬を止め、彼に挨拶し尋ねました。

「ご老人、若者と少女を見なかったかね？」

「見ました。陛下、私が若いころ、葡萄園の植え付けをしている時に、彼らが通り過ぎて行きました」

それを聞いて、皇帝は宮殿に戻り、皇后に言いました。

「馬で行ってみたが、わしは、葡萄園で働いていた年老いた農園主以外、誰にも会わなかった。

彼は、自分が若いころに、二人が通り過ぎて行くのを見たと言っていた」

「ああ、陛下、二人はそこにいたのですよ。彼らは、葡萄園と農園主に姿を変えていたので、あなたは分からなかったのでしょう。戻って、何としてでも二人を連れ戻してください」

ヘビの皇帝は、取って返し、いくつもの深い森と砂漠を通り抜け、長い道のりを行きました。

彼が、二人のいるところに近づいたとき、少女が言いました。

「イオン、見て、どうしてあんなに雷がなるのでしょう?!」

彼は、見回してこたえました。

「雨雲が、風で巻き上げられている」

「雲ではありません、皇帝です。彼は、私たちを連れに来たのです。怖がらないで。私は養蜂園に姿を変え、あなたは年老いた養蜂家に変えましょう。皇帝が若者と少女を見なかったかと尋ねたら、あなたは見なかったが、百年生きていたあなたの祖父が、子どものころに彼らを見たと言っていたと、こたえねばなりません」

一瞬のうちに、彼らは、養蜂園と一人の年老いた養蜂家に、姿を変えました。

まもなく、皇帝が、養蜂園にやって来て尋ねました。

「若者と少女が、そなたの養蜂園を通り過ぎるのを見なかったかね?」

養蜂家がこたえました。

「私は、誰も通り過ぎるのを見ませんでしたが、百年生きた私の祖父が、子どものころに彼らを見たと、言っていましたよ」

皇帝は、敢えてそれ以上尋ねませんでした。彼は、宮殿に戻り、皇后に見たこと、聞いたことのあれこれを話しました。

「どうしましょう、皇帝、彼らはそこにいたのですよ！　あなたは長い旅をしましたが、無駄でしたね。宮殿にいてください。私が自分で行きましょう」

ヘビの皇后は、火砲に跨って、雷鳴を轟かせ、口から火を放ちながら、旋風のように長旅に出かけて行きました。

とうとう彼女は、若者と少女が住んでいるところに、やって来ました。

イオンは、火の気を感じて、そのことを妖精に告げました。少女は、それが奇怪な恐ろしいことをもたらす皇后であると知って、若者に言いました。

「何かが、私をも熱しているようだわ。私たちの後ろを見て！」

「私たちの後ろの、空のとても高い所から地面まで、緑色の炎が見える」

「それは、皇后、老いた雌龍よ。彼女は、私たちを連れ戻しにやって来た。今や、私たちの命は風前の灯です。もしあなたが、私の言う通りにしなければ、私たちは、彼女の呪いから逃れることはできません。彼女は、私たちをヘビの帝国に連れて行き、私たちに龍の皮を被せてしまうでしょう。助かりたければ、私の言うことを聞いてください。私は、湖に姿を変え、あなたは湖面に泳ぐ一羽の白鳥になりましょう。あなたは、雌龍の目を覗き込まないように、水深の深いところを泳がねばなりません、さもないと、彼女は、あなたの目を盗んでしまいます」

妖精は、そう言い終わると、大きな湖に姿を変えました。若者は、白鳥になり、水深の深いところに浮かんでいました。

ヘビの皇后は、湖の岸辺にやって来て、叫びました。

「一番若い妖精、緑の小箱を持って、ここへ来い！」

彼女は、妖精が湖面に浮かんでいるのだと思ったのでした。

年老いた雌龍は、何とかして白鳥の目を盗もうとしたのですが、できませんでした。白鳥は、もっと深いところを泳ぎ、振り返りませんでした。

とうとう、ヘビの皇后は、宮殿に戻ろうと決めました。その瞬間、イオンは片方の目で彼女を見たのですが、年老いた龍は、あっという間に、その目を盗み取ってしまいました。

その場を後にしながら、彼女は言いました。

「お前は盲目のままとなるだろう、妖精よ！」

雌龍が去った後、湖と白鳥は、また妖精と若者の姿に戻りました。しかし若者の目は、今や一つしかありませんでした。妖精が彼を咎めました。

「彼女を見てはいけないと、言った筈です。でも、私たち二人にとって、もっとひどいことになっていたかも知れません。気にしないで！　落ち着いて、心配しないで！　私は、彼女を追いかけてみます」

そして妖精は、急いで出発しました。彼女は、雌龍を追い越すと、冷たい水を湛えた井戸に姿を変えました。井戸は木陰にあり、辺り一面、絹のような緑草に覆われていました。座って休むのに、そこは申し分ありませんでした。

年老いた雌龍は、井戸にやって来ると、水を飲み、盗んだ目を彼女の舌の下に隠し、木陰で横になり、眠りに落ちました。

妖精は少女に戻ると、そうっとイオンの目を、彼女の口から取り出し、代わりにカエルを入れて、その場を去りました。

雌龍が目覚めてみると、そこには井戸も木もありませんでした。

彼女は、さらに進み、宮殿に辿り着くと、遠くから叫びました。

「私は、妖精の目を取ってきた！」

「そんなことは、あってはならぬ」皇帝が、大声でこたえました。

雌龍が、目を見せようと口を開いたとき、口からカエルが飛び出しました。彼女は、妖精が、自分の口にカエルを入れたと思い当たりましたが、妖精がどこにいるかも分からないので、手遅れでした。呪いの三日が過ぎ、その力も失われました。

妖精は目をイオンに返し、それから二人は、結婚式に向かいました。結婚祝賀パーティーはとても美しく、二人は、その後ずっと幸せな生活を送りました。彼らは、今でも生きていますよ、死んでいなければ。

第十一話　勇敢なドラガン

はるか昔、三人の息子を持つ、年老いた女がおりました。息子たちは、他の子どもたちなら一年かかるところを、たった一日で成長しました。一番上の息子は、初めて家の外に出た時、カエルを見てその後を追い始めました。カエルは大地をあちこち走り回ると、空中へ飛び跳ねました。少年もその跡を追って空に飛び込みました。

真ん中の息子は、初めて家の外に出た時、アヒルを見ました。彼はその後を追い、牧草地や森を抜け、アヒルが空に飛び上がると、雲の中を追いかけて行きました。

一番若い息子は、家を出た時、リスを見ました。彼はリスを見ると、すぐその後を追い始めました。リスは、木から木へ飛び、それから月へ飛び、月から太陽へ飛んで行きました。

三人の息子は皆、それぞれの獲物を追って行きましたが、互いのことは何も知りませんでした。

老女が住む王国では、王が三人の娘を持っていました。ある午後、黒い雲が現れると、バケツがいっぱいになるほど雨が降り、地下世界から三頭の龍が現れました。龍たちは、王の三人の娘を捕まえ、空から太陽と月と星々を盗むと、地下世界に連れて行ってしまいました。

恐ろしい暗闇が王国中を覆いました。この暗闇を見て、王が言いました。

「誰であろうと、私の娘を連れ戻し、空に、太陽と月と星々を取り戻せる勇敢な者があれば、その者に私の王国の半分を与えよう」

老女は、王のこの言葉を聞き、宮殿に行きました。

「輝かしき殿下」彼女は言いました、「私に、三桶のワインと、我が家の屋根を覆う何枚かの赤い瓦をいただければ、あなた様の娘を取り返し、空に、太陽と月と星々を取り戻しましょう」

王は、大いに喜びました。

「ご老女よ、もしそなたが言った通りにするなら、それ以上のものを与えよう」

「私がそう言うのですから、そうなりましょう」老女がこたえました。

「よろしい、だがもし、そなたが言った通りにしないなら、わしは、そなたの首を刎《は》ねようぞ」

王が言いました。それから王は、彼女に三桶のワインと屋根を覆ういくらかの赤い瓦をやるよう、召使に命じました。

老女は瓦で屋根をふきましたが、瓦はとても赤かったので、屋根はまるで燃えているように見えました。それから彼女は座って、待ち始めました。

一番上の息子は、空でカエルを追って通り過ぎながら、下を見て驚きました。彼は独り言を言いました。

「このカエルなぞ、どこへでも行っちまえ！　私の母の家が、燃えている！」

彼は、稲妻のように素早く、母親の家に飛び降りると、家は燃えているのではなく、ただ赤い瓦で覆われていることを知りました。

「ああ、お母さん、何をしたのですか？　お母さんのせいで、私は獲物を逃してしまったよ」

「心配しないで、可愛い息子。お前が恋しかった、会いたいとばかり思っていたよ。こちらにおいで、お前にワインを一杯あげよう、お前は疲れているだろうからね」

彼女は、一桶の古いワインを持って来ると、息子に与えました。彼は、それを飲むと、ストーブの傍へ眠りに行きました。

そのすぐ後に、アヒルを追っていた真ん中の息子が、空の上で通り過ぎました。彼が見下ろすと、家の赤い瓦が目に入りましたが、それはまるで燃えているように見え、彼は独り言を言いました。

「このアヒルなぞ、どこへでも行っちまえ！　私の母の家が燃えている！」

真ん中の息子も、飛び降りましたが、赤い瓦を見ると、言いました。

「ああ、お母さん、何をしたのですか？　お母さんのせいで、私は獲物を逃してしまったよ！」

「心配しないで、可愛い息子。お前が恋しかった、会いたいとばかり思っていたよ」

彼女が一桶のワインを彼に与えると、息子はストーブの傍らへ眠りに行きました。

老女は、まだ一番若い息子のドラガンを待っていました。しばらくすると、彼は、弓と矢を持ってリスを追いかけながら、通り過ぎました。彼は下に目をやり、母親の家を見ると、驚いて独り言を言いました。

「リスなぞ、どこへでも行っちまえ！　私の母の家が燃えている！」

彼は飛び降りると、赤い瓦を見て、母親に言いました。

「ああ、お母さん、何をしたのですか？　お母さんのせいで、私は獲物を逃してしまったよ！」

「心配しないで、可愛い息子。お前が恋しかった、会いたいとばかり思っていたよ」

彼女が、一桶の古いワインをドラガンに与えると、彼もまたストーブの傍らへ眠りに行きました。

その後、三人は皆同じ時間に目を覚ましました。彼らが別れてから、とても長い時間が経っていましたので、彼らの声は変わっていましたし、皆大人に成長していました。暗闇の中で、彼らは互いを誰とも分からず、尋ねました。

「お前は、私の母の家で何をしているんだ？」

「そう言うお前は、何なのだ？」

そして、彼らは罵り合い、殴り合いました。

彼らの母親が、割って入り、言いました。

「喧嘩はお止め！　お前たちは、皆兄弟なのだよ！」

「私たちが、兄弟？」

「そう、お前が一番上、お前は真ん中、そしてお前が一番年下」

「それで、なぜ私たちに会いたいと思ったのですか、お母さん？」

「お前たちに会いたいと願っていたよ。なぜなら、王の三人の娘と、空にあった太陽と月と星々を取り戻すと、王に約束したからね。すべて三頭の龍に盗まれたのだよ」

上の二人の兄弟は、恐れをなしました。

「一体、何という約束をしたのでしょう、お母さん？」

それから、ドラガンが言いました。

「お母さん、あなたは、何よりも難しい仕事を、私たちに与えましたね、でも、私たちの誰も、首を刎ねられることはありません。王のところに行って、最高級の絹、一二〇〇ウェイツ（troy weights、約四十キログラム）をくれるよう頼んでください」

老女は、王のところに行き、最高級の絹一二〇〇ウェイツを持ち帰り、兄弟たちは、それでロープを作り、残った絹で彼らが座るのに十分大きい籠を作りました。

それから、彼らはテーブルに着いて、食べたり飲んだりし始めました。その後、彼らは言いました。

「さよなら、愛しいお母さん。お大事に！　私たちは出かけます！」

そして彼らは出発し、村から村へ、丘を登り谷を下り、森や谷を抜けて歩き、嗅覚を頼りに、大地の中心にやって来るまで、毎日日暮れまで、三年の間走りました。そこで彼らは、地下世界に通じる深い穴を見つけました。

一番上の兄が言いました。

「さて、次にどうするか、決めるとしよう」

「兄さんが一番年長なので、最初に下りて行ってはどうですか」弟たちが言い、ロープと籠を用意しました。

一番上の兄は籠に座り、手でロープを掴みながら、言いました。

「ロープを降ろしてくれ、だが私がロープを引っ張ったら、引き上げてくれ」

一番上の兄は、およそ四〇ファゾム（1 fathom は約一・八メートル）下りましたが、そこでロープを引っ張りましたので、弟たちは、彼を引き上げました。

「何があったの、兄さん？」

「ヘビたちの気味悪いシューッという音、ガマガエルたちのしわがれたガーガーという鳴き声、それに地下の寒さで、先へは進めない」

次に、真ん中の兄が、籠に乗り、およそ一〇〇ファゾム下りて行きました。そこで彼はロープを引っ張りましたので、彼もまた引き上げられました。

「下の方で、何があったのか、兄弟よ？」

「ああ、ひどいよ！　ヘビたちの気味悪いシューッという音、ガマガエルたちのガーガーというしわがれた鳴き声、それに地下の寒さで、先へは進めない」

それから、ドラガンの下りて行く番になりました。彼は、兄たちに何を言ったでしょう？

「さて、兄さんたち。私が下りて行きましょう、でも、私がロープを引っ張ったら、もっと先まで下ろしてください。私が引っ張るのを止めたら、ロープをそれ以上下ろさないで、私が戻って来て、もう一度引っ張るまで待って、それから私を引き上げてください」

ドラガンは、籠に乗り込み、ロープを摑むと、繰り返し引っ張りましたので、兄たちは、彼を下へ下へと、下ろして行きました。彼が下りて行くと、ヘビたちは恐れをなして、音を出すのを止めましたし、ガマガエルたちも隠れて、鳴くのを止めました。地中からは蒸気が吹き出していましたが、ドラガンの心臓は逞しく脈打っていました。

彼は、穴の底へ着くまで、何度もロープを引っ張り続けました。そこで彼は、地上と同じような、森や丘や草原を目にしました。勇敢なドラガンは、体をひと捻りすると、マルハナバチに姿を変え、森や砂漠を抜け、木立を抜け、小さな小屋まで飛んで行きました。そこには、太陽、月、そして星々を空から盗み、王の三人の娘を連れ去った三頭の龍の母親の〝サソリ〟が住んでいました。

マルハナバチは、小屋の梁の陰に隠れ、聞き耳を立てました。年老いた魔女のサソリは、三人の義理の娘と一緒にいて、尋ねていました。

「お前の夫の龍は、どのくらい強いかね？」

一番上の義理の娘がこたえました。

「ええ彼が、一日の終わりに家に向かい、銅の橋に着いたところで、彼の馬は十二マイルもの炎を鼻孔から吹き出します。そして、私は彼の夕食に、十二頭の牡牛のローストと、十二のオーブンで焼いた沢山のパンと、十二樽のワインを用意しなければならないのです」

「それで、お前の夫はどうだね、どのくらい強いかね?」彼女は、真ん中の義理の娘に聞きました。

「私の夫が」真ん中の義理の娘が言いました、「狩りから戻り、銀の橋まで来ると、彼の馬は、二十四マイルの炎を鼻孔から吹き出します。夫が、彼のメイス(中世の棍棒状の武器)を投げて、それがこの小屋の周りを三度飛び回り、それから、私は彼の夕食に、二十四頭の牡牛のローストと、二十四のオーブンで焼いたたくさんのパンと、二十四樽のワインを用意しなければなりません」

「それで、お前の夫はどのくらい強いかね?」彼女は、一番若い義理の娘に聞きました。

「彼が金の橋まで来ると、彼の馬は、五十マイルの炎を鼻孔から吹き出します。夫が、彼のメイスを投げて、それがこの小屋の周りを三度飛び回り、それから、私は、彼の夕食に、コップ一杯の水と、パン一切れを用意しなければなりません」

これらをすべて聞いて、勇敢なドラガンは、梁の陰から飛び出しました。年老いた魔女のサソリが言いました。

「お前たち、たった今飛び出したマルハナバチの音を聞いたか?」

「はい、聞きました」

「あれは、勇敢なドラガンだ。古い書物に、彼が三頭の龍と闘い、打ち負かしてしまうと書かれている」

勇敢なドラガンは、自分の名前が聞こえてきたので、小屋に戻って来て、張り出した軒下に止まりました。

年老いた魔女の、一番上の義理の娘が言いました。

「私が、ドラガンを殺しましょう」

「どう、殺すのかね？」

「私は、金のグラスを二つ備えた井戸に、姿を変えましょう。グラスの一つは、井戸に入るため、他は、井戸から出るため。それから、彼の喉を大いに乾かしましょう。水を飲もうとすれば、彼は、死ぬでしょう」

「おお」年老いた魔女は言いました、「お前は、彼が剣で左右を薙ぎ倒し、先へ進んで行く手立ても知らないと、考えているのかね？」

それから、二番目の娘が言いました。

「では、私が彼を殺しましょう」

「それで、何をするのかね？」

「私は、大きな枝に大きな実を付け、根本は青い草で覆われた、リンゴの木に姿を変えましょう。彼を深い眠りに陥らせ、目覚めて、木陰の草の上で休むとき、彼は、リンゴを一かじりして、死ぬでしょう」

「それで、お前は、彼が剣でリンゴの木を薙ぎ倒し、先へ進んで行く手立ても知らないと、考えているのかね？」

「それなら、私は、生きたまま彼を燃やしましょう」一番若い義理の娘が言いました、

「それで、どう、そうするのかね？」

「私は、大地の端から端まで燃え盛る火に姿を変え、彼を灰になるまで、燃やしましょう」

「それで、お前は」年老いた魔女が言いました、「彼が剣で左右を薙ぎ倒し、先へ進んで行く手立ても知らないと、考えているのかね？　彼をどう追い払うか、わしだけが知っている」

「それで、どう、そうするのですか？」

「わしは、大地から空まで届くほど大きく口を開けよう。彼を捕らえて、呑み込み、彼が死ぬまで、外には出さぬつもりじゃ」


彼らが小屋の中で話していたすべてを聞いて、ドラガンは、突き出した軒下から出て、どのマルハナバチでもするように、飛び去って行きました。

「お前たち、聞こえたかね？　あれは、勇敢なドラガンだよ！」

ドラガンは、体を一ひねりすると、また自分の足で立ち、野を越え、踏越し段（stile：人だけ

通し家畜は通さない牧場などの階段）を越え、長いこと歩き、牧草地にやって来ました。そこで彼は、牡牛の群れを連れた牛飼いに会いました。ドラガンは尋ねました。

「こんにちは、龍が馬に乗って通るという、銅の橋のことを、見たり聞いたりしませんでしたか？」

「ちょっとお待ちなさい、勇敢な方よ、それがある場所を教えましょう。龍はここに私を立たせ、言ったのです。もし誰でも、銅の橋に行きたい者があれば、その者は、二十四頭の焼いた牡牛と、二十四のオーブンいっぱいのパンを食べ、二十四樽のワインを飲まなければならないと」

ドラガンは、これらの言葉を聞くと、言いました。

「それらを、私のために用意してください」

食べ物と飲み物がすべて用意されると、一番上の龍がやって来て、鉤爪《かぎ》の前脚を差し出しました。龍がドラガンの手を強く握ったので、彼の指はくっ付きそうでした。ドラガンが龍の前脚を強く握ると、龍の鉤爪の間から、血が流れ出ました。

「お前さんの方から来てくれたので、先ずは食べて飲むことにしよう」龍は言いました。

「食卓はもう食べるばかりに、用意されていますよ」ドラガンはこたえました。

「食べよう、そして我々のどちらでも、骨から肉をかじり取ったら、すぐ、その骨で相手の額を打たなければならないのだ」

これは、龍たちの習慣でした。
龍は食卓に着くと、牡牛の足を取って肉を呑み込み、剝き出しの骨で、ドラガンを打ったので、ドラガンの目からいくつもの星が飛び出るようでした。ドラガンも、骨から肉を丸かじりし、龍の額を打ったので、龍は、首まで地面に沈み込んでしまい、もしドラガンが彼の耳を摑まなかったら、龍の姿は完全に消えてしまったことでしょう。
それからドラガンは、剣を抜くと、龍の首を切り落としました。召使がとても喜んで叫びました。
「一体、どのように、あなた様にお礼ができましょう？　あなたは、龍の奴隷の身から、私を救ってくれました！」

「これからは」ドラガンが言いました、「あなたは、ここの主になるのです」

龍の首が落ちたとき、明けの明星と宵の明星が、龍の胸元から零《こぼ》れ落ちました。ドラガンは、それらをポケットに入れ、召使に別れを告げ、先へ進んで行きました。


ドラガンは、いくつもの森を抜け、草原や砂漠を抜け、銀の橋までやって来ました。彼が、橋を渡ろうとしたとき、馬の群れを牧草地に追い立てている、一人の召使に会いました。

「勇敢なお方、あなたはどこに行こうとしているのですか？」

「私は、龍に会いに行くところです」

「ちょっと、待ちなさい！　龍は、誰であろうと、自分のところに来たいと望む者は、先ず軍馬に騎乗し、地球を三度駆け回らねばならないと、言っています」

その群れの中には、九十九の心臓を持った、九十九歳の年老いた軍馬がいました。ドラガンが、その馬のたてがみを掴んで跨ると、馬の蹄が地面に沈みました。

「いかように、あなたをお運びしましょうか、勇敢なお方？　風のように素早くでしょうか、それとも瞬く間にでしょうか？」

「もし、瞬く間の速さで行けば、私たち二人とも、死んでしまうだろう、風の速さで、光を目指して行くことにしよう」

軍馬は、とても素早く駆け去り、ドラガンの通った道には、蹄の跡が残りました。ドラガンが、地球を三度駆け回り、戻って来たときには、さすがに軍馬の口から、泡が垂れていました。

馬がいななないた時、二番目の龍が現れました。

龍が橋を渡ろうとしたとき、龍の馬がその両膝から崩れかかりました。龍は、大声でわめきました。

「起き上がれ、痩せ馬よ！　大ガラスがお前を食っちまうぞ！　怖がるものは何もない、ドラガンはここにはいない。やつのことは、聞いたことがあるが、あいつは、私の兄弟の首を刎ねたのだから、私が、やつの頭を食いちぎってやろう」

「吠《ほ》えろ、残忍な龍よ！　私は、ここにいる！」

龍は、剣の鞘を払い、叫びました。

「勝負だ！」

「どう、お前は戦うのか？」

「剣でも、銃でも」

ドラガンがこたえました。

「剣は君主らと戦うため、銃はフン族と戦うためのもの。格闘しよう、それがより公平だろう」

そこで彼らは、格闘し始めました。始めはドラガンが龍を圧倒しましたが、それから龍がドラガンを追い詰めました。最後には、ドラガンが龍を持ち上げ、地面に投げつけましたので、龍は首まで地面に沈んでしまい、もしドラガンが、その耳を摑まなかったら、龍は完全に姿を消していたでしょう。それからドラガンが龍の首を刎ねると、月が、龍の胸元から草の上に転げ落ちました。ドラガンは、月を拾うと、明けの明星と宵の明星とともに、ポケットに入れました。

召使が喜んで言いました。

「一体、どのように、あなた様にお礼ができましょう？　あなたは、龍の奴隷の身から、私を救ってくれました！　私は、生涯馬の面倒を見、残忍な龍の命令に従わなければならなかったのです」

「これからは、あなたがここの主です。あなたが、一番良いと思うように生きてください」

勇敢なドラガンは、先へ進んで行きました。彼は歩きに歩いて、金の橋までやって来ました。

龍の召使が、ドラガンに会いに来ました。

「止まりなさい、勇敢なお方。龍は、ここを見張るよう、私を寄こしました！　もし誰であろうと、ここを越えたいと望む者があれば、篩《ふるい》いっぱいのサンザシの実をたべなければなりません」

「良いだろう、それをここへ持って来てくれ！」

召使がサンザシの実を摘んでくる前に、一番若い龍が、雷鳴を轟かせながら、馬に乗って森から出てきました。龍が橋を渡り始めると、橋は馬の脚の下で揺れ、中ほどまで来た時、馬が躓《つまず》いたので、龍が大声を上げました。

「起き上がれ、この無駄飯食いめ。犬に食われるぞ！　私は、ドラガン以外誰も恐れぬが、彼はここにはいない」

「私はここだ、お前と戦う準備ができている」ドラガンが叫びました。

「お前さんの方から来てくれたので、先ずは食べて飲むことにしよう」龍が言いました。

彼らは、サンザシの実がいっぱいの食卓に着き、龍が一握り食べ、一方ドラガンは二握り食べました。サンザシの実を食べ終えると、龍が言いました。

「勝負だ！」

ドラガンは、抜き身の剣を手に、龍に突進しましたが、龍は、とても素早く、また鋭い剣を持っていましたので、傷を負わせられませんでした。彼らは、長いこと、戦いに戦いましたが、雌雄を決することができませんでした。それから、彼らは二頭の牡羊に姿を変えました。一頭が一つの丘の上に立ち、もう一頭も他方の丘の上に立ち、駆け下りて互いを角で突くと、大地そのものが揺れました。長いこと戦えば戦うほど、彼らの角は、いっそう強く、尖っていきました。

「十分戦ったかね？」

「そうだね、少し休もう」

ドラガンは、剣を持った戦士の姿に戻ると、緑の草の上に腰を下ろしました。龍は、六つの頭を持ったグリフィン（ギリシャ神話：頭部前足はワシ、胴体後足はライオンの姿の怪獣）に姿を変えました。三つの頭が眠っているときには、交代で他の三つが見張っていました。このようにして、龍は休息を取りました。勇敢なドラガンは、グリフィンを注意深く観察し、三つの頭が眠りに落ちようとし、他の三つが目覚めようとする正にその時に、剣を持って突進し、眠っているのも、起きているのも、すべての頭を一瞬で切り落としました。

その時、龍の胸元から、太陽が零れ落ち、草の上を転がりました。ドラガンは、それを拾うと、月と星々とともに、ポケットに入れました。

それから彼は、橋を渡りました。召使が、とても喜んで言いました。

「一体、どのように、あなた様にお礼ができましょう？　あなたは、龍の奴隷の身から、私を救ってくれました」

ドラガンが進む先には、年老いた魔女の三人の義理の娘の罠が、待ち受けていました。彼は、歩きに歩いて、原野や沼地を越え、森や峡谷を抜けて、白い大理石の縁を備えた、澄んだ水が溢れる井戸までやって来ました。ドラガンは、舌が歯にくっ付きそうになるほど、喉が乾いていました。しかし、彼は、水を飲もうと体を屈めたとき、魔女の言葉を思い出し、井戸の縁を、右に左にと、剣で切り裂きました。切り口から血が流れはじめ、彼は先へ進んで行きました。

彼は、しばらく歩いて、ひときわ立派で大きな実をつけ、根元が緑の草で覆われた、リンゴの木までやって来ました。ドラガンは、とても眠かったので、道でよろけ、ほとんど倒れそうになりました。彼は、リンゴを一かじりし、木陰の緑の草の上に横になって、眠ろうとしましたが、その時、年老いた魔女の言葉を思い出しました。彼が、剣でリンゴの木を切り付けると、幹から血が流れはじめ、彼は、先へ進んで行きました。

歩き続けていると、彼は、そこかしこで猛威を振るう火に襲われ、その中に落ちそうになりましたが、剣を鞘から払い、火を突き刺すと、そこから血が流れはじめました。

勇敢なドラガンは、さらに進んで行きましたが、まったく突然、背中に熱い何かを感じました。それは、大地から空まで口を大きく開け、ドラガンの後を追って来た、年老いた魔女のサソリの息でした。ドラガンはどうしたでしょう？　彼は、魔女に追いつかれぬよう、先を急いで行きながら、自分の母親には、地下世界に住むコズマ・ディミールという名の兄弟があることを、思い出しました。ドラガンは、彼を見つけようと決め、年老いた魔女が追いつかぬよう、より速く、より速く進みました。

コズマ・ディミールは、地下世界に鍛冶工場を持っていましたが、自分の甥がやって来ると聞き、工場を開け、立って待っていました。ドラガンが、工場に飛び込んだ時、年老いた魔女が、ドラガンの足を掴み、少しばかり肉を引き裂きました。その時から、人の足に土踏まずができたのです。ドラガンは、何とか工場の中にすべり込み、コズマ・ディミールは、ドアをバタンと閉め、それからカギをかけ、年老いた魔女に言いました。

「お前が、これまでに彼を食べていないのだから、これからも食べはしないだろう！」

「どうでも良い、私は必ずドラガンを食べてやる！」

「お前は、食べはしない！」

年老いた魔女は、怒り狂っていました。彼女が体をひねると、頭が四つ現れました。彼女は、ドラガンが出て来たら食べようと、二つの頭を、ドア枠の一方の柱の側に、他の二つを他方の柱の側に突き出して、待ちました。

ドラガンが、工場の中で、コズマ・ディミールに言いました。

「叔父さん、私に、九百九十九ポンドの鉄のメイスを作ってください」

コズマ・ディミールは、工場で一緒に働く、十二人の鍛冶職人を抱えていました。彼らは、鉄を火にくべ、鉄床でそれを鍛え、メイスを作りました。

年老いた魔女は、ドラガンが出て来ないと知ると、言いました。

「おい、コズマ・ディミールよ、お前さんは、立派な職人だ、お前さんに、この地上のすべての宝物をあげよう、壁に小さな穴を一つ開けてくれるだけでいい、勇敢なドラガンが何をしているか、片目で覗けるように。彼は、私のモミの木のように立派な三人の息子と、花のように美しかった三人の義理の娘を殺し、空にあった太陽と月と星々を盗んだのだ」

コズマ・ディミールは、小さな穴を開け、魔女は、片目で覗き込みました。

「ドラガンは、何と立派で勇敢なことか！　コズマ・ディミール、何でもお前さんの欲しいものをやるから、両目で見れるよう、もう少し穴を大きくしてくれないか」

彼は、穴を少し大きくし、魔女は、両目で覗き込みました。

「ああ、良く見える、ドラガンは、何と立派で堂々としていることか！　コズマ・ディミール、世界の富をすべて与えよう、彼を頭から足までもっと良く見たいので、私の頭が入るよう、もう少し穴を大きくしてくれないか」

コズマ・ディミールは、壁にもう少し大きな穴を開けましたが、同時に、メイスを火にくべました。穴ができあがったとき、メイスは真っ赤に焼けていました。年老いた魔女のサソリが頭を入れ、ドラガンを呑み込もうと、口を大きく開けました。コズマ・ディミールは、十二人の鍛冶職人とともに突進し、魔女を捕まえました。六人は魔女を押え込み、他の六人は灼熱のメイスで魔女を殴りました。彼らは、魔女が粉々になるまで何度も殴り、火の中に入れて燃やし、その灰を四方に吹く風に撒きましたので、灰は大地の中に消えていきました。

それからドラガンは、皆に別れを告げ、先へ進んで行きました。しばらく行くと、彼は、〝銅の果樹園〟を目にしました。

果樹園は、龍に連れ去られた王の一番上の娘が、世話をしていました。

ドラガンは、ひとり言を言いました。

「さて、私の歩き方は、女っぽくないか？　男らしく歩こう！」

それから、彼が棍棒で大地を叩いたところ、木の実が地面に落ち始めました。王女が姿を現し、言いました。

「こんにちは、弟さん、どうしてあなたは、私の果実を振り落としているのですか？」

「こんにちは、姉さん、文句を言わないで、私に飲むための一杯の水と、食べるための一切れのパンをください」

「お入りなさい、ようこそ！」

ドラガンが家に入り、王女がコップ一杯の水と、パン一切れを与えると、彼が言いました。

「あなたは、知っていますか？」

「何を？」

「私はあなたを、姉さんと呼び、あなたは私を、弟さんと呼びました。そういう訳で、あなたは、私の一番上の兄の妻になるでしょう」

彼の二人の兄を覚えていますか。彼らは、絹の籠とロープを設えた穴の傍で、弟を待っていました。

さて、ドラガンは、先へ進んで行き、王の真ん中の娘が世話をしている〝銀の果樹園〟まで、やって来て、そこを通り過ぎながら、独り言を言いました。

「それにしても、なぜ私は女のように歩いているのか？　男らしく歩こう！」

それから、彼が棍棒で大地を叩いたところ、果実が地面に落ち始めました。王女が姿を現し、言いました。

「こんにちは、弟さん、あなたは、そこで何をしているのですか？　そんな酷いことをするより、三日と三晩、私の家に来る方が良いでしょう、あなたに食事と美味しいビールを上げましょう」

「素晴らしい、姉さん、でも私に、コップ一杯の水と、食べるためのパン一切れをください」

王女は、食べ物と水を彼に与え、尋ねました。

「これからどうしましょうか？」

「あなたは、私を弟さんと呼び、私は、あなたを姉さんと呼びました。そういう訳で、あなたは、私の二番目の兄の妻になるでしょう」

それから、ドラガンは、さらに先へ進んで行き、王の一番若い娘が世話をしている〝金の果樹園〟にやって来ました。ドラガンは、果樹園をしばらく男らしく歩き、それから棍棒で大地を叩くと、果実が落ち始めました。

一番若い王女が現れました。

「あら、愛しい人、私にこんな大きな損害をもたらす代わりに、皆で私の家に来て、食事でもした方が良かったでしょうに」

「気にしないで、可愛い人、悲しまないでください。私に、コップ一杯の水と、何か食べるものをください」

「お入りください、ようこそ！」

彼女は、食べ物と水を彼に与え、尋ねました。

「これからどうしましょうか？」

「あなたは、私を、愛しい人と呼び、私は、あなたを可愛い人と呼びました。それは、私たちが、夫と妻になることを意味しています」

ドラガンは、棍棒で大地を三回叩いて、王女のすべての財産を三つの〝金のリンゴ〟に変えると、それをポケットに入れ、王女を連れて、王女の二人の姉のところに行きました。彼は、銀の果樹園にやって来て、棍棒で大地を三回叩くと、二番目の王女の財産は、三つの〝銀のリンゴ〟に変わり、銅の果樹園の王女の財産は、三つの〝銅のリンゴ〟となりました。

それから、ドラガンは、三人の王女を伴って、地上へ通ずる穴の底に行きました。そこに着くと、彼は、一番上の王女を籠に乗せて言いました。

「あなたが地上に出たら、上の二人に、あなたは一番上の兄の妻だと、言いなさい」

彼女が地上に出ると、二人の兄が尋ねました。

「あなたは、誰ですか?」

「私は、ご長兄の妻です」

一番上の兄は驚きました。

「ご覧よ! 一番若い弟が、私に妻を送ってきた」

彼らは、再び籠を下ろし、真ん中の娘が乗りました。

「あなたは、真ん中の兄の妻だと、言いなさい」ドラガンは言いました。

彼女が穴の外に出ると、兄たちが尋ねました。

「あなたは、誰の花嫁ですか?」

「私は、ご次兄の花嫁です」

籠が三度目に下ろされたとき、一番若い王女が言いました。

「あなたが、先に乗ってください、ドラガン、あなたは、私をここから引き上げることができるでしょうが、私はあなたを引き上げられないので！」

「いや、いや、あなたが先に乗ってください！　兄たちには、もう妻を持ちました、私も引き上げてくれるでしょう」

「分かりました、先に乗りましょう。いずれにせよ、彼らが籠を下ろしたとき、あなたは籠に乗ってはいけません。先ず、石を乗せてください。もし彼らが、石を上まで引き上げたのなら、あなたも引き上げることでしょう。どうして石を乗せたかは、後で私が彼らに説明しましょう」

一番若い王女を引き上げ、それからドラガンを引き上げるため、籠を下ろしたとき、一番上の兄が言いました。

「聞け、もし我々が奴を引き上げれば、奴は、龍の宝物を持って出て来て、我々より金持ちになり、人々は、彼は偉業を成し遂げた、王の娘を救い出したと言うだろう」。二人の兄たちは、頭を寄せて相談しました。

「ロープを切ってしまおう、そうすれば奴は落ちる。奴はそこで死に、我々は、ロープが切れたと言うだけで良い」

王の娘たちは、二人が決めたことを、何も聞いていませんでした。

ドラガンは、一人の男と同じ重さの石を、籠に乗せ、その上に自分の帽子を置きました。二人の兄は、帽子が目に入ると、ロープを切り落としました。石は落ち、塵となり、底には深い穴ができました。

「兄たちは、なんてことをしたんだ！　こうなっては、ここから出ることはできない」

そこで、彼はコズマ・ディミールのところに戻ることに決め、鍛冶工場に着いて、これまで起こったすべてを、彼に話しました。そしてまた、地下世界からどう抜け出すことができるかを、彼に尋ねました。

コズマ・ディミールは、ドラガンに言いました。

「お前は、ヨハネ祭の日（六月四日）に、〝ヴァレリアン爺さん〟（Valerian：カノコソウの意）の屋敷にある、〝生命のリンゴの木〟のところに行かねばならない。その日に、生命のリンゴの木は、地下世界から伸び出て、地上の生命の王国に達し、しばらくしてまた地下に下がってくる。もし、ヴァレリアン爺さんが、お前に握手を求めてきたら、手を差し出す代わりに、この鋤《すき》を差し出しなさい」

コズマ・ディミールは、自分が鍛冶工場で作った鋤を、ドラガンに与えました。ドラガンは、叔父に感謝し、鋤を手にして先へ進んで行きました。彼は一晩と丸一日歩き、途中でたくさんの不思議なものを見ました。何を見たのか、お話しても良いのですが、言葉は短く道は長い。そしてこの物語も長いので、彼は行先を誤らずに行かねばなりません。とうとう彼は、その頂が空に触れる、金の枝を持つリンゴの木にやって来ました。木の陰から、ヴァレリアン爺さんの召使の少女が、ガラスの荷車をオス猫と雄鶏に引かせながら、やって来ました。ドラガンは、彼女に尋ねました。

「その荷車でどこへ行くのですか、お嬢さん?」

「ヴァレリアン爺さんに、リンゴを運んで行くのです」

ドラガンは吹き出しました。

「飛び上がって、若い方、乗ってください!」

ドラガンが荷車に乗ると、少女が大声を上げました。

「急いで、オス猫君、急いで、雄鶏君!」

オス猫と雄鶏は、真っすぐ飛んで行き、時計が二度チクタクという間に、彼らを、ヴァレリアン爺さんのところに連れて行きました。ヴァレリアン爺さんは、大人として一〇〇年生き、七歳の子どもとして一〇〇年生き、今でも生きているのでした。

「いかがお過ごしですか、ヴァレリアン爺さん?」

「もう、おしまいじゃよ、ドラガン。お前は、三本のモミの木のようだった、私の三人の義理の息子の龍と、三輪の花のようだった私の三人の娘と、義理の息子たちの母親を殺した。私が、あとどのくらい生きねばならないかを知り、また勇敢な男と握手をしておきたいので、お前の手を貸しておくれ」

ヴァレリアン爺さんが、手を差し伸べたとき、ドラガンは、大地を耕すための鋤を差し出しましたので、老人がそれを手で摑んだとき、鉄が彼の指を傷つけ、血が三滴したたり落ちました。血が大地に触れたところから、炎が舌のように三つ現れ、ヴァレリアン爺さんを呑み込み、爺さんの名であったカノコソウの花に変えてしまいました。その花は、今でも見ることができますよ。

召使の少女はとても喜びました。

「あなたのために何ができるでしょうか？　勇敢なお方、あなたは、私を奴隷の身から救ってくれました」

「ヨハネ祭の日までに、生命のリンゴの木に戻れるよう、私を連れ帰って欲しい」

少女は、オス猫と雄鶏に、同じように呼びかけました。

「急いで、オス猫君、急いで、雄鶏君、ドラガンを、ヨハネ祭の日までに生命のリンゴの木にお連れしなさい！」

彼らがそこに着いたとき、ドラガンは、生命のリンゴの木の木陰で、緑草に横になると、強い眠気に襲われました。彼はとても深く眠ったので、リンゴの木がどのように、地上の生命の王国に伸び出て来たのか、気付きませんでした。

ドラガンは、目覚めたとき、自分が再び生命の世界にいることを、見出しました。彼は、素早く起き上がり、足を踏み出しました。三十歩ほど歩いて、振り返ると、リンゴの木はもう見えませんでした。生命のリンゴの木は地下世界に戻ったのでした。

勇敢なドラガンは、真っすぐ王のところに行きました。

「輝かしき殿下」彼は言いました、「私は、殿下のお嬢さんを、龍たちから救いましたので、結婚式で彼女の手を取ることをお許しいただくために、参りました」

「彼女を救ったのが、そなただと言うなら、そなたは、それを証明せねばならぬ」

ドラガンは、ポケットから、太陽と月と、それに明けの明星、宵の明星を出しましたので、王国中が、昼の明かりで輝きました。

「よろしい、分かった、真実だ！　そなたは、龍を殺し、太陽と月、それに明けの明星、宵の明星を持ち帰った。だが、わしの娘たちを連れ帰っていないので、祝福を与えることはできないぞ！」

「殿下、私は、直ちに私の兄たちと母のところに、行って参ります。もし王女様方がそこにいなければ、どこで見つけられるのか、私には分かりません」

それ以上何も言わず、ドラガンは、兄たちに会いに出発しました。家への道すがら、彼は、ブタの群れを牧草地に追い立てている少年に会いました。

「やあ、少年よ、君は誰の息子かな？」

「ああ、旅の方、私が誰の息子か、お教えしたいのですが、たぶん、父のことは聞いたこともないでしょう」

「それで、彼の名前は？」

「父は、勇敢なドラガンと呼ばれています」

「で、君の父親は、どこにいる？」

「彼は、地下世界に取り残されたままです」

「彼が戻って来るという、何らかの希望はあるのか？」

「いいえ、戻って来ないでしょう！」

それは、本当にドラガンの息子でした。ドラガンが、地下世界を彷徨《さまよ》っている間、少年は生まれ、成長し、そして今、ブタを牧草地に連れて行こうとしているのでした。

「ところで、これらは誰のブタかね、若者よ？」

「ドラガンの兄さんたちのものです」

「彼らは、ブタを牧草地に連れて行く君に、食べ物を与えてくれるかね？」

「まあ、私を見てください！　晩になって私が行くと、彼らは私に、わずかなトウモロコシの粥《かゆ》を投げるのです。私がそれを素早く取れば、私が食べますが、もし犬が先に飛びつけば、犬が食べ、私は空腹のままです」

「それで、君のお母さんは、どこにいる？」

「私の主人たちの家の、召使をしています」

「分かった。さあ、ブタを家に連れて行きなさい」

「おお、怖くてできません。夕方までには、まだいくらか時間があるので」

「怖がらなくて良い、私が君と一緒に行こう」

少年がブタを追い立てて行くと、主人たちが彼を見て、外に出てきました。

「なぜ、お前は戻って来たのか。太陽はまだ空高くにあるじゃないか！」そして彼らは、少年を打とうと、鞭《むち》を振り上げました。

「止めろ！　彼に触れることさえするな！」ドラガンは大声で言いました。「さて、兄さんたちよ、私が分かりますか、分かりませんか？」

ドラガンは、次に何をしたでしょうか？　彼は、多くの人々を一堂に集め、彼らと相談し、言いました。

「私の兄たちが、どのような罰に値するか、皆さん方で判断してください。そして、彼らが私に何をしたか、私が、彼らから何を被ったか、聞いてください」

ある者は火あぶりの刑にしろと言い、ある者は追放せよと言い、またある者は投獄すべきと言いました。

ドラガンは、人々に、野生の馬を二頭連れて来るよう、言いました。彼は、兄たちを、馬の尾に括りつけ、それから馬を鞭打つと、兄たちの体は飛び散ってしまいました。脚が落ちたところに、泉が噴き出しました、腕が落ちたところでは、井戸が見つかりました、胴体が落ちたところには、谷が現れ、頭が転がったところでは、緑の草が育ちました。

ドラガンは、王の一番若い娘とともに過ごし、三日と三晩続く結婚式を祝いました。結婚の後、彼は王位に就きましたが、今日でもなおこの国を治めています。

そして今　私は　藁のように　乾き切って　佇んでいます、
私は　この物語を　最後の最後まで　お話したので。

第十二話　アリスター

昔、むかし、はるか離れた村に、年老いた男と女がありました。二人とも、とても年取っていましたので、自分たちの年齢さえ覚えていませんでした。その折りの、二人の唯一の希望と支えは、彼らの息子のアリスターでした。二人の老人は、自分たちの終わりも近いと思い、息子を呼んで言いました。

「可愛いアリスター、わしらが亡くなってしまったら、梁に下がっているハーブの束から、緑のバジルンの柄を探して、三度その匂いを嗅ぎなさい」

「良く分かりました、親愛なるお父さん、お母さん」アリスターは言い、深い悲しみと惜別の思いで両親を埋葬した後、家に帰り、ハーブの束から、緑のバジルの柄を探しました。彼は、針のように細い、花を付けたとても小さな柄を見つけましたが、その匂いを嗅いだとき、彼は、自分の力が三倍以上漲《みなぎ》るように感じました。二度目にその匂いを嗅ぐと、彼の力は、さらに三倍強くなりました。三度目に嗅ぐと、血管の中の血が突然変化し、彼は、思い浮かぶいかなる生き物にでも、姿を変えることができました。

アリスターは、指が動かなくなるまで、一生懸命働きましたが、教会のネズミのように、貧乏なままでした。ある日、彼は、自分の運を試してみようと、広い世界に出て行くことにしました。

彼は、歩きに歩いて、綺麗な大きな木の家々があるところまでやって来ました。それらが何か、誰のものか、どうして彼が知りましょう？　彼は、ようやく綺麗な家に辿り着いたと喜び、門をノックすると、とても醜い龍が門を開けました。

「こんにちは」旅人が言いました。

「良い日だね」龍がこたえました。

「あなたの屋敷で、何か私にできる仕事はないでしょうか？」と、アリスターは尋ねました。

「あるとも」龍が言いました。「今ちょうど、とても召使が必要なのだ。入りなさい」

アリスターは、中庭に入り、いくつもの納屋や物置、それに厩舎を目にしましたが、それはまるで、誰もが思い描く、豊かな地主の館のようでした。龍は、アリスターの仕事が何かを話し始めましたが、実のところ、彼を殺して食べることができるよう、夜が早く来ないかと、望んでいるのでした。アリスターは、日の暮れるまで、一生懸命働きました。龍の息子が、外から戻り、皆で夕食をとった後、寝床に行きました。龍は、ベランダの一つのコーナーに、息子のためのベッドを設え、赤い毛布を掛け、火のついたキャンドルを、彼の傍に置きました。アリスターのためには、ベランダの他のコーナーに、ベッドを設え、黒い毛布を掛けましたが、キャンドルに火を灯すことはしませんでした。アリスターは考えました、「あの醜い龍は、何をしようとしているのだろう？　何も目的がなくて、あのようなことをする筈がない」アリスターは、横になりながら、考えていましたが、龍の親子は、ベッドに入るや否や、鼾《いびき》をかき始めましたので、窓がガタガタ震え始めました。勇敢な若者は、一方に寝返り、それから反対側に体を向けましたが、眠ることができませんでした。

とうとう彼は決めました、「龍の息子と、場所を変えてみよう」彼は、起き上がり、ベランダの一方のコーナーに行き、龍の息子が何も気付かないよう、彼を両腕にそっと抱え、他のコーナーのベッドに寝かせ、黒い毛布で覆いました。それから彼は、赤い毛布で自分を覆い、龍の息子が横になっていたところで、眠りにつきました。

月がその銀色の顔を、丘の頂きの陰に隠しましたが、それはあたかも、龍がぐっすり眠るのを助けるようでありました。月が丘の陰に完全に消えてしまうと、年老いた龍が起き上がり、重い短剣を手にして、ベランダのアリスターが寝ていたコーナーに行き、短剣を振り上げると、自分の息子を殺してしまうとも知らずに、寝ている者の首に、短剣を打ち下ろしました。そこは、とても暗かったので、龍がどう知ることができましょう？　それから、年老いた龍は、夜明け前に、獲物を焼くために、オーブンに火を入れ、薪をくべました。アリスターは、自分に起こり得た恐ろしい運命を考えると、声も出ないほど驚きました。彼は、ベッドから飛び出すと、キャンドルを取って、吹き消そうとしましたが、息を吹いても、吹いても、火は燃え続けていました。そこで彼は、それを地面に投げようとしましたが、できませんでした。キャンドルは、彼の指にくっついたまま、明るく燃え続けました。これを見て、アリスターは、できるだけ素早く走り去りました。彼は走りに走りましたが、キャンドルはまだ燃え続け、彼の行く手を照らしました。龍が、窓の外を見ると、夜空に流れ星はありませんでしたが、明るく燃えながら走るキャンドルが目に入り、怒りで叫びました。

〝私の　キャンドル、私の　キャンドル、
遠くで、輝かないで、
家に　戻っておいで、それが一番、
そして　私の客のために　テーブルを照らしておくれ〟

しかしキャンドルは、先へ先へと、走り続けました。それから、年老いた龍は、できるだけ大声で、息子を呼びました。

〝おい、そこの息子よ、私の　龍の息子よ、
眠ってばかりは　もうおしまい！
私たちの　キャンドルを　追って、走れ、走れ、走れ
それを　持ち帰っておくれ、私たちには　それ一つきり！〟

しかし、彼の息子は殺されているのですから、どう年老いた龍にこたえることができましょう？　龍は、家の中を探し、息子を何度も呼びましたが、無駄でした。

「さて、アリスターをオーブンに入れて焼くこととしよう、それからキャンドルを取り戻そう」

龍は、ひとり言を言いました。

龍は、死体をオーブンへと引きずって行き、そこで突然、自分の息子に気付きました。ようやく自分がしたことを知って、彼は短剣を手にすると、アリスターとキャンドルを追って、走りました。彼は、狼男のように素早く動き、通り過ぎる先々で、岩をひっくり返し、木々を根こそぎ

倒し、雷嵐のように、次第に近くへと迫って来ました。アリスターは、大きな深い川にやって来て、飛び込み、泳ぎ始めました。彼が向こうの岸に着いたとき、龍は、川のこちら側の土手に立って、怒鳴りました。彼は泳げなかったので、罵り、叫ぶことしかできませんでした。

〝お前、汚い犬め、お前は　何をした？
私の　キャンドルを持って、お前は　走り去った、
そして　私の　たった一人の息子を　私に　殺させた！〟

アリスターは、反対側の岸から、こたえました。

〝おい、お前、龍よ、汚いブタよ、
もし　お前が　犬のように、私を　脅すなら、
お前は、すぐに　丸太のように　死ぬだろう！〟

龍は家に戻りましたが、アリスターは、まだ誰も足を踏み入れたことない所を、先へ先へと進んで行きました。歩きながら、彼は、キャンドルを見て、火を消そうとしましたが、キャンドル

は、却《かえ》っていっそう明るく燃えました。彼は指で火を挟んで消そうと試しましたが、炎が彼を焼くことはありませんでした。彼はシャツに炎を近づけましたが、シャツに火は点きませんでした。そのキャンドルの火は、とても変わっていました。その火は、彼の手を焼かず、シャツの布も焼きませんでしたが、当たり一面を明るく照らしました。そこでアリスターは、キャンドルをカバンに入れ、先へ進んで行きました。

アリスターは、歩きに歩いて、地主の家までやって来て、そこで留まり、仕事を探しました。地主は、彼が賢く働き者だと知り、彼を馬丁頭として雇いました。アリスターは部屋を与えられ、そこで生活し、働きました。馬丁たちの中に、いじわるで嫉妬《しっと》深い者がいて、ある日、地主のところに行って、言いました。

「ご主人様、アリスターが何と言ったか、ご存知ですか？」

「どういうことか、話すが良い」

「彼は、もしお望みなら、あなた様に、龍の馬を差し上げるつもりだと言いました」

「龍の馬？　直ちに彼を呼びなさい」

馬丁はアリスターを呼びに行き、地主は、アリスターに命じました。

「行って、わしに龍の馬を持って参れ、さもなくば、お前の首を刎《は》ねようぞ」

アリスターは、どうしようもありませんでした。彼は、ただ地主にお辞儀をし、出発しました。彼は、一日中歩きに歩き、夜中になって、龍の屋敷にやって来ました。そこで彼は、そっと馬小屋に忍び込みましたが、馬はすぐに彼に気が付いて、三度ヒヒーンといななきました。龍が手にランタンを持って、コッ、コッ、コッと馬小屋に向かって、走って来ました。

アリスターは、片方のかかとで地面に立って、体を三度回転させると、ハエに姿を変え、馬小屋の軒下に舞い上がりました。龍は、飼い葉桶の下の隅々や、馬小屋の周りすべてを見ましたが、誰もいませんでした。満足した龍は、馬小屋にカギをかけると、家に戻りました。そこでアリスターは、軒下から舞い降り、馬を連れ出そうとしましたが、馬は蹴り上げて、よりいっそう大きくいななきました。

龍が、また走ってやって来て、馬小屋の内外を調べ始めましたが、何も見つけられませんでした。

「ヒーヒー鳴くのを止めろ、このバカ馬め、お前は私の睡眠を台無しにしたいのだろう！」不機嫌な龍は叫び、鞭《むち》を振り上げ、可哀そうな馬を跳ね回らせました。

「もう一度、私がお前のいななきを聞いたら、戻って来て、お前の皮を剥いでやる」

龍は家に戻り、辺りが静かになりました。アリスターは、馬小屋の軒下から舞い下り、人間の姿に戻って、馬に近づきましたが、今度は馬は鳴きませんでした。彼は、素早く馬を小屋から出すと、それに跨り、姿を消しました。龍は、馬小屋の向こうで、蹄がカタカタ鳴る音を聞きつけ、激しく怒り、追いかけ始めました。

アリスターは馬を急き立てましたが、龍は、ますます速く追って来ました。アリスターが大きな川を渡ったとき、龍は、こちら側の岸の上に立って、馬に跨ったアリスターを見ながら叫びました。

〝お前、汚い犬め、お前は　何をした？
私の　キャンドルを持って、お前は　走り去った、
そして　私の　たった一人の息子を　私に　殺させた、
そして　私の　馬を　盗んだ、私の　お気に入りの　馬を！〟

アリスターは、こたえました。

〝おい、お前、龍よ、汚いブタよ、
もし　お前が　犬のように、私を　脅すなら、
お前は、すぐに　丸太のように　死ぬだろう！〟

龍は、怒りで爪を噛みながら、家に戻りました。一方、アリスターは風のように素早く、地主の館に飛んで戻りました。彼は、中庭に入るや否や、大喜びする地主に馬を渡しました。

〝もし　お前が　それを　知らなければ、知るべきだ
犬は　森で　野ウサギを　追いかけることを、
鷹は　食物に　野ネズミを　狩ることを、
そして　悪は　善を　追い詰めることを〟

いじわるな馬丁が、二度目に地主のところに行き、話したことで、またアリスターに面倒が降りかかりました。

「ご主人様、あなた様はお金持ちで、強くて、いろいろご存知ですが、ここの人々が何を話しているか、まったくご存じないでしょう」

「一体、私に何を言いたいのだ？」

「アリスターが、もしあなた様が望むなら、龍の毛皮の帽子を差し上げることができると、自慢しています」

「彼を、ここへ呼ぶが良い！」

馬丁はアリスターを呼びに行き、地主は言いました。

「わしに、龍の毛皮の帽子を持って参れ、さもなくば、お前の首を刎ねようぞ」

アリスターは、地主にいろいろ言っても意味のないことを、よく知っていましたので、黙ったまま出発しました。

彼は、歩きに歩いて行きましたが、龍の家に着く前に、黒い雲が巻き上がり、激しい風雨が襲ってきました。稲妻は雲を突き抜け、雷鳴は空に轟き、豪雨が大地の畔を洗い流しました。

勇敢な若者は、嵐の中を突き進み、龍の家の近くまで来ると、片方のかかとで地面に立ち、体を三度回転させ、猫になれと望むと、実際彼は猫になりました。それから彼は、龍の家の前に行き、中に入れてくれるよう、にゃあにゃあと鳴き、ドアを爪で引っ掻きました。

龍は寝ていましたが、彼の妻が、彼に向って大声を上げました。

「起きて、あなた、起きて！　行って、ドアを開けなさい。どこかの哀れな猫が、雨の中で、溺れかかっているよ」

龍が起きて、ドアを開けると、猫は家に入り、毛を乾かそうとストーブの傍に座りました。龍は、猫の目を真っすぐ覗き込んで叫びました。

「おお、これはアリスターだ！　とうとうお前は、私の手の中に落ちたな！」

「どうしたの、あなた？　頭がおかしくなったの？　あなたは、こんな可愛い猫を、殺したくはないでしょう？」

「私は目で分かる、アリスターが猫に化けたのだ」

「バカなことを言ってないで、寝なさい」

龍が眠りに落ちたとき、猫は、猫だけができるように、こっそり忍び寄り、龍の枕の下から、皮の帽子を引っ張り始めました。猫は、何度か引っ張りましたが、帽子を取り出すことはできませんでした。そこで、アリスターは、体を回転させ人間の姿に戻って、帽子を取り出したとき、龍が目を覚まし、彼を引っ摑みました。

「猫はアリスターだと、私は言わなかったかね？　起きてくれ、我が妻よ、夕飯に焼いたら良いものがここにあるので、急いでオーブンに火を入れてくれ」

龍の妻が火を入れましたが、彼らは、アリスターが骨しか入っていない袋のように、とても痩せていることに気が付きました。

「彼を焼いても、何にもならない」龍が言いました、「火を消して、彼に食べ物を与えよう」

彼らは、ビスケット、クルミ、それに新鮮なミルクを、彼に与え始めました。アリスターは、ひと月の内にとても太ったので、目が塞がって、ほとんど周りを見ることができませんでした。

「今なら、彼は焼かれても良さそうだ」嬉しそうに龍が言いました。「銅のオーブンに火を入れよ、可愛い妻よ。そして彼を、良く焼いておくれ。私は、行って客人を招待してこよう」

そう言うや否や、龍は出かけました。龍の妻は、銅のオーブンの中の丸太に火を点け、真っ赤に燃え上がらせ、それから、大きな長い柄のシャベルをオーブンの口にあてがい、アリスターのところに行って、言いました。

「シャベルの上に乗りなさい。お前をオーブンの中に押し込んでやろう！」

アリスターは、起き上がり、シャベルの上に立ちました。

「横になりなさい！」龍の妻が叫びました。

彼は、両足を下に垂らしたまま、シャベルのほんの端に横になりました。

「お前は、なんと間抜けなのだ！　シャベルの上でちゃんと横になれ、それとも、どうしたら良いか分からないのか？」

「このようなシャベルやオーブンを、以前に目にしたことがなければ、どう私が知り得ましょう？　やり方を教えてください、あなたが望む通り、横になりましょう」

「下りなさい！」龍の妻は叫んで、自分がシャベルの上に座りました。それから、彼女は、仰向けに横になり、足を真っすぐ伸ばしました。

それは、まさにアリスターが待っていたことでした。

次の瞬間、彼は、シャベルの柄を掴むと、瞬きをする間もなく、彼女を、灼熱のオーブンの中に押し込み、それからバタン！　と、扉を閉めました！

アリスターは、龍の毛皮の帽子を取って、家に向かって出発しました。一方、龍は客を伴って戻ると、彼らをテーブルに着かせ、銅のオーブンのところに行きました。彼はオーブンの扉を開けましたが、そこに干し葡萄入りのパンのように茶色に焼かれた妻を見出し、彼の心臓は爆発寸前でした。彼は、剣を取ると、客を残したまま、アリスターの跡を追いました。彼は稲妻の閃光のように、疾走しました。

〝火のような　鼻孔を　激しく　燃え立たせ
燃える　眼球は　炎を　放ち
二つの耳から　煙を　巻き上げ
そして　怒った龍が　近くを　通り過ぎると
いくつもの　丘が　ひっくり返される〟

大きな川にやって来て、アリスターは、既にそれを越え、はるか向こうに行きました。龍は、大声で叫びました。

〝お前、汚い犬め、お前は　何をした？

私の　キャンドルを持って、お前は　走り去った、
そして　私の　たった一人の息子を　私に　殺させた、
そして　私の　馬を　盗んだ、私の　お気に入りの　馬を、
そして　私の　妻を　干し葡萄入りのパンのように　焼いた、
そして　私の　毛皮の帽子を　取った、私には　もう　何もない！〟

アリスターは、振り返ってこたえました。

〝おい、お前、龍よ、汚いブタよ、
もし　お前が　犬のように、私を　脅すなら、
お前は、すぐに　丸太のように　死ぬだろう！〟

アリスターは、毛皮の帽子を、地主のところに持って行き、それを彼に献上しましたが、この勇敢な若者は、長旅の後で休む間もなく、また呼び出されました。
「そなたは、わしに馬を持ってきた、毛皮の帽子も持ってきた、だが今度は、龍そのものを持ってこなければならいぞ」地主が命じました。

アリスターは、手斧、西洋鋸《のこ》、彫刻刀、かんなを持って、出発しました。

彼は、龍の家の近くまで来ると、髭をたくわえた老人に姿を変え、門の前で大声を上げ始めました。

「ご領主様、ご主人様、もし樽がご入用なら、いかなるものでもご用意できます。ワイン樽が必要な方は、この年寄りのところに来てください。小さな樽でも、大きな樽でも、どんなものでも、その場で作ります」

龍は、老人が大声で叫んでいるのを聞くと、彼を家に入れ、いくつかの新しい樽を作り、またいくつかの古い樽を修理させるため、彼を雇うことにしました。

熟練の樽屋が働き始め、二、三日で、見るだけでも嬉しい、立派なオーク材の樽を作りました。

龍は、何とも素晴らしい樽が、老人の手の中で形作られるのを見て、喜びました。

「さて」龍が老人に言いました、「これで、私の大きな樽も、ワイン樽も、もう漏れることはないだろう」

「もし、私を少しばかりお手伝いいただければ、樽が漏れることはありません。私は、目が大分悪くなって、蒲《ガマ》で栓をすべき割れ目すべてを見ることができません」

「それで、私にどうして欲しいというのかね、爺さん？」

「大きな樽に入り、隙間から漏れる光を見たら、教えてください」

龍は、大きな樽に入り、注意深く樽板を見ましたが、隙間一つありませんでした。

「すべて問題ないよ、爺さん、樽板は互いに隙間なく嵌《は》められているし、良く削られ、整っているよ」

「いや、ちょっと待ってください、蓋がちゃんと嵌まるかどうか、見ますので」

アリスターは、蓋を置き、鉄のたがの上から、ハンマーで打ち付けました。

「隙間から漏れる光が、何か見えますか？」

「いや、そんな気配はない！」

「今度は、大きく息を吸って、胸を思い切り膨らませてください、龍さん、樽に耐久性があるか見たいのです」

龍は、できる限りいっぱい、体を膨らませました。

「もう少し、大きく」老人が言いました、「あなたの力を、全部使って」

たが一つさえ動かず、樽板一枚浮き上がりませんでした。龍が叫びました。

「これ以上、膨らませられない、力が残っていない！」

「さて、あなたに幸運を！」

龍は、ようやく自分がアリスターの手中に落ちたことを理解しましたが、どうすることもできませんでした。

アリスターは、樽の中の龍の頭と後ろ足の区別がつかなくなるまで、ゴロンゴロンと道に沿って樽を転がし始め、地主の家までやって来ました。

地主は、彼らがやって来ると聞き、これまで龍を見たことがありませんでしたので、走り出て、会いに行きました。

「アリスター、蓋を外して、龍を見せてくれ」

「いえ、ご主人様、龍を自由にはできません、さもないと、こいつは、私たちを粉々に引き裂いてしまうでしょう」

地主は、とても腹を立てましたが、誰も、彼を宥《なだ》めることはできませんでした。

「では、樽に穴を開けてくれ、そうすれば、片目でだけでも、龍を見ることができる」

アリスターは、錐を手にして、樽に穴を開けました。地主が、穴に目をあてがい、覗こうとしたとき、龍が、とても強く息を吸いましたので、地主は、針の孔に通した糸のように、穴に吸い込まれ、樽の中に姿を消しました。

「さあ、地主様」アリスターは言いました、「あなたは龍を欲しがった、そしてそれを手に入れた、いや、龍があなたを捕まえた！」。それから彼は、庭に積まれた木材のところにまで樽を転がして行き、素早く火を放ちましたので、龍も地主も焼けてしまい、灰さえ残りませんでした。

アリスターが、休もうと部屋に戻って、ドアを開けるや否や、ずっと燃え続けていた、あのキャンドルの炎が、向こうにこちらにと揺らぎ始め、それから突然光を放ち、不思議なことに、そこから美しい少女が飛び出て来ましたが、そのあまりの可愛さに、彼は目を離せませんでした。

「お嬢さん、あなたは誰ですか、あなたは、歩くこともできず、話すこともできず、なぜか知らぬまま、燃え続けているばかり。一体、どんな大きな悩みがあるのですか？」

「アリスター様、私のひどい苦難も終わりとなりました。あなたが、龍を殺したとき、私は解放されたのです」

それから、美しい若い娘は、龍が自分の息子の花嫁にするために、どう彼女を連れ去ったか、しかし、彼女がそれに同意しなかったので、呪《のろ》いをかけられ、キャンドルに姿を変えられ、龍が生きている限り、いつでも燃え続けねばならなかったこと、でもその炎は誰も暖めず、何も燃やせないことなどを、話し始めました。

「もしあなたが、邪悪な龍を殺さず、呪いを解いてくださらなかったら、私は、たぶん、何年も燃え続けねばならなかったでしょう」

アリスターは、彼女を抱擁し、キスし、二人の結婚式に参加し、祝ってくれるよう、村に住むすべての人々を招待しました。そして、それは何とも素晴らしい祝宴でした！　こうしてお話ししている私も、その結婚式に出席しましたよ。素晴らしいひと時でした。私はまだそこにいて、食べたり飲んだりすべきだったかも知れませんが、結婚式が終わる前に、アリスターに起こったすべてのことを、皆さんにお伝えするため、その場を後にしてきたのです。

第十三話　勇士ヴィサン

昔、三人の娘を持つ王がありました。彼は、自らの城の中に宮殿を建て、娘たちをそこに閉じ込めましたので、彼女たちは、外に出ることも、昼の光を見ることもできませんでした。

ある日、一人の年老いた重臣が、王との話の中で言いました。

「殿下、なぜあなたは、お嬢さん方を地下に閉じ込めているのですか？　どこでも若い娘たちは、ダンスをし、歌い、結婚披露パーティーに行きますが、あなたのお嬢さん方は、外に出ても、他の王や王子たち、それに貴族たちと、どう話しをすれば良いのかさえ、分からないのではないでしょうか」

そこで、王はよく考え、御者を呼ぶと、六頭の馬に馬具を付け、娘たちをダンスに連れて行くよう命じました。

少女たちは、真に王の娘らしく見える高貴な服を着て、馬車に乗り込み、ダンスへ向け出発しました。ところが、道半ばまで来たところで、三頭の龍が空から滑り下りて来て、三人の娘を捕まえ、連れ去ってしまいました。

少女たちの外出が許された宮殿に、大きな悲しみが訪れましたが、誰が非難されるべきなのでしょう？　王は、他に娘はなかったので、心に大きな悲嘆を抱えたまま、独り取り残されました。彼は、行方不明の王女たちについての報せを、待ちに待ちました。が、何もありませんでしたので、三人の娘を見つけ、連れ戻すことができる勇気ある者には、一番若い娘を花嫁として、また王国の半分を与えようと、宣言することに決めました。

しかし、その仕事を引き受けられそうな者は、誰も見つかりませんでした。

王の宮殿に、王の馬たちに餌を与え厩舎の清掃をする、一人の馬丁がおりました。名前をヴィサンと言いました。王のお触れを聞き、彼は思いました。

「さて、私が、王の厩舎にこのまま残っていても、ずっと哀れな貧乏人のまま、髪は帽子を突き抜けて伸びるばかり。行って、王の娘たちを探す方が良いだろう」

ある朝、馬たちを外に出し、厩舎を掃除しなければならなかった時に、彼は、怠けて麦藁の上に座って、仕事をしませんでした。

そこに馬丁頭がやって来て、大声で怒鳴り、罵《ののし》りました。

「おい、この怠け者の小僧、どうしてお前は、王様の馬に餌もやらず、馬小屋の掃除もしないで、座ってばかりいるのだ？」

ヴィサンがこたえました。

「私は、厩舎で何年も十分働きました。今度は、あなたが自分で行って、働いてはどうですか。王様のところに行って、私は、王女様方を探し、連れ帰るつもりだと伝えてください」

管理人は憤慨しながら行き、王にすべてを伝えました。その後直ちに、王はヴィサンを呼びつけました
「そなたは、わしの娘たちを見つけ、彼女らを連れ戻すと、断言したのか？」

「はい、断言しました。殿下、ですが、私のために、空の半分ほどの高さの石塔を建て、九マイルの長さの鎖を作っていただかねばなりません」

王は、塔と鎖の両方を作るよう、命令を出しました。

「それに、鉄と鋼の鉾《ほこ》（中世の棍棒状の武器）も作ってください」

これも作られました。ヴィサンは、それを手に取り、頭上で三度振り回すと、空中高くそれを放り投げました。それから、彼は言いました。

「さて、私は少し昼寝をしますが、鉾がピューっと落ちてきたら、起こしてください」

彼は寝床に行き、三昼夜の間休みました。

それから、臣下たちは、鉾が落ちてくるピューという音や、雲を突き抜けてくる雷の音を聞き、彼を起こしました。

ヴィサンは起き上がり、小指を伸ばすと、鉾を摑みました。鉾を見ると、その形が崩れていることに気付きました。

ヴィサンは言いました。

「王様のところに行き、私のために、もっと良い鉄と純粋な鋼の鉾を作るよう、命じて欲しいと伝えてくれ」

彼らは、より良い鉄と純粋な鋼の鉾を作り、ヴィサンがそれを空中に放り投げたところ、鉾は一週間飛び続け、太陽に当たりましたが、傷一つなく戻って来ました。

「素晴らしい！」ヴィサンは言いました。

彼は皆に別れを告げると、鉾と鎖を手にして、塔に登りました。そこで彼は、鎖を解いて振り回し、空高く放り投げると、鎖は天国の門に絡まりました。ヴィサンは、それを引っ張って、しっかり留まっているかを確かめ、登り始めました。高く、高くへと、彼は空に届くまで登りました。そこは地上と同じようでした。一方に目をやると、銅でできた城がありました。そこには、王の一番上の娘が住んでいました。ヴィサンは道に沿って進んで行き、夕食時に城に着きました。彼が門に足を踏み入れたとき、王の娘が言いました。

「勇敢なお若い方、あなたの若さを残念に思います！　もし龍がやって来れば、骨以外何も残さず、あなたを食べてしまうでしょう」

ヴィサンは尋ねました。「その龍は、どのくらい強いのですか？」

「とても強いので、彼が放り投げた鉾は、雲を突き抜け三つの王国を越えて飛び、ドアを通って城に入ると、食卓を三度回って、自らを鉾掛けの釘に掛けるのです」

ヴィサンは言いました。

「龍のことは心配しないで、それはさておき、私に何か食べるものと飲むものをください」

「あなたが好きなもの、喜ぶものなら、何でも差し上げましょう、ただ、この恐ろしい龍から、私を自由にしてください」王女は懇願しました。

ヴィサンは、食べて休んだ後、尋ねました。

「龍は、どの道で家に戻って来るのですか？」

「銅の橋を通る道です」

その瞬間、ヴィサンは龍の鉾が空高くを飛んでいるのを目にしました。それは、降下して門を抜け、門からドアを抜けて、ドアから食卓を三度飛んで回り、その後で自らを鉾掛けの釘に掛けました。王の娘は、それから食事の準備を始めました。龍が帰宅するまでに、食べ物は、熱過ぎも冷た過ぎもせず、食べるのにちょうど良くなっていることでしょう。

ヴィサンは龍の鉾を手にすると、それを放り投げましたので、鉾はピューっと音を立てて、雲を突き抜け飛んで行きました。

龍はそれを見て言いました。

「危険な客が、家でわしを待っている」

ヴィサンは、銅の橋に行き、その下に身を隠しました。彼がしばらく待っていると、龍がたちまち近づき、その足元で大地が震動する音が響きました。龍が橋に来たとき、龍の馬が、橋を渡るのを拒みました。龍は、馬を鞭《むち》で打ち、叫び、罵り始めました。

〝お前に　呪《のろ》いあれ、意気地なしの　痩せ馬め！
犬たちが　お前の　肉を　食べてしまうぞ、
狼たちが　お前の　皮を　引き裂いてしまうぞ、
カラスたちが　お前の　目を　突き出してしまうぞ！
お前は　できの良い　オートミールを　食べなかったのか？
お前は　旨い　ワインを　十分　飲まなかったのか？〟

馬がこたえました。

「私は、できの良いオートミールを食べ、旨いワインを飲みました、でも、ヴィサンが橋の下に隠れています。私を鞭打っても打たなくても、私は一歩も動きません」

そこで龍が叫びました。

「橋の下から出て来い、ヴィサン、そして私たちは、兄弟の契りを結ぼう。お前さんや私のような者は、世界のどこにもいない。王たちのように、パンを食べ、ワインを飲んで暮らそう！」

ヴィサンは、龍が善意で言っているとは信じず、こたえました。

「龍のような下劣な者と、義兄弟になることは決してない。お前は、どう戦いたいか？　取っ組み合うか、それとも剣を取るか？」

龍が言いました。

「取っ組み合おう、それがフェアーだ」

彼らは、朝から昼まで、龍が倒れるまで、何度も取っ組み合いました。それから、ヴィサンは龍を持ち上げ、投げ飛ばしましたので、龍はほとんど腰まで地面に沈んでしまいました。彼は龍の頭を切り落とし、後には三つの肉の山と、三つの血の池が残りました。

その後、ヴィサンは龍の馬に乗って、王の一番上の娘のところに行き、言いました。

「この馬に乗り、父王の宮殿に向かってください」

それから、ヴィサンは一晩と一日歩き、遥か向こうに、キラキラ光る銀の城を目にしました。そこには、二番目の龍が、王の真ん中の娘と暮らしていました。彼が城の門までやって来ると、王の娘が言いました。

「勇敢なお若い方、あなたの若さを残念に思います、ここの龍は、戻って来るや否や、あなたを食べ、骨一つさえ残さないでしょう！」

ヴィサンは尋ねました。

「その龍は、どのくらい強いのですか？」

「とても強いので、彼が放り投げた鉾は、雲を突き抜け九つの王国を越えて飛び、ドアを通って城に入ると、食卓を三度回って、自らを鉾掛けの釘に掛けるのです」

ヴィサンは言いました。

「龍のことは心配しないで、それはさておき、私に何か食べるものと飲むものをください」

「あなたが好きなもの、喜ぶものなら、何でも差し上げましょう、ただ、この恐ろしい龍から、私を自由にしてください」王女は懇願しました。

彼は、休息を取ろうと座り、食べたり飲んだりしていましたが、龍の鉾が、まるで地震でも起こったかのように、ゴーゴーと飛んでくる音が聞こえてきました。

ヴィサンは外に出て、空中でその鉾を掴むと、龍の背後のはるか向こうの王国に、鉾を投げ返しました。

龍は、自分の鉾が飛んでいくのを見て、言いました。

「危険な客が、家で待っているようだ。ヴィサンか？ 彼ほど勇敢なやつは、世界のどこにもいない」

ヴィサンは王女に尋ねました。

「龍は、どの道で家に戻って来るのですか？」

「銀の橋を通る道です」

勇敢な若者は、銀の橋へ行き、その下に身を隠して待ちました。

すぐに、大地がうなり、揺れ、水が泡立つ音が聞こえてきました。龍が馬に乗ってやって来たのでした。彼が橋までやって来たとき、馬が動きを止め、それ以上行こうとしませんでした。龍は馬を鞭打ち、叫び大声を出し始めました。

〝お前に　呪いあれ、意気地なしの　痩せ馬め！
犬たちが　お前の　肉を　食べてしまうぞ、

狼たちが　お前の　皮を　引き裂いてしまうぞ、
カラスたちが　お前の　目を　突き出してしまうぞ！
なぜ　お前は　止まるのか、足が　不自由になったのか？
悪魔でも　見たのか　それとも　鬼の子か？
勇敢な　ヴィサンは　まだ　生まれていない、
今朝は　まだ　戦に　来てはいない！〟

ヴィサンが、橋の下から出てきて、言いました。

〝吠《ほ》えるがよい、薄汚い龍よ、吠えろ、
私は　ここに　いる　お前の　血を　流すため！〟

龍がずる賢くこたえました。
「ヴィサン、ヴィサン、お前さんと私のような者は、世界のどこにもいない、兄弟の契りを結ぼう。パンを食べ、ワインを飲み、王たちのように暮らそう」
ヴィサンは、龍が善意など持っていないことを知っていて、こたえました。

「私は、こんな愚鈍な龍と義兄弟になることは決してない。お前は、どう戦いたいか？　取っ組み合うか、それとも剣を取るか？」

龍が言いました。

「よりフェアーなので、取っ組み合おう」

彼らは、朝から午後まで、何度も取っ組み合いましたが、勝負はつきませんでした。最後に、ヴィサンが龍を投げ落としたので、龍は膝まで地面に沈んでしまいました。次に、龍がヴィサンを投げ落とし、ヴィサンは腰まで地面に沈んでしまいました。ヴィサンは怒って立ち上がると、龍の腰を摑み、とても強く投げ落としたので、龍は首まで地面に埋まってしまいました。それから、彼は剣を抜いて龍の頭を切り落とし、後には三つの肉の山と、三つの血の池が残りました。その後、ヴィサンは龍の馬に乗って、王の真ん中の娘のところに行き、言いました。

「この馬に乗り、父王の宮殿に向かってください」

ヴィサンは、先へ進み、丘を上がり谷を下り、森や谷間を抜け、はるか向こうに金の塔らしきものが見えるところまで、やって来ました。近づいて見ると、すべての窓とドアは金でできていて、貴重な石の装飾が散りばめられていました。それは、王の一番若い娘をさらった龍の城でした。

ヴィサンは、門に行き、呼びました。

「ご主人は、家にいますか?」

王の娘が出てきて、言いました。

「勇敢なお若い方、あなたの若さを残念に思います。ここの龍は、戻って来るや否や、あなたを食べ、あなたの帽子さえ残さないでしょう!」

「その龍は、どのくらい強いのですか?」

「とても強いので、彼が放り投げた鉾は、雲を突き抜け十二の王国を越えて飛び、ドアを通って城に入ると、食卓を三度回って、自らを鉾掛けの釘に掛けるのです」

ヴィサンは言いました。

「龍のことは心配しないで、それはさておき、私に何か食べるものと飲むものをください」

「あなたが好きなもの、喜ぶものなら、何でも差し上げましょう。ただ、この恐ろしい龍から、私を自由にしてください」王女は懇願しました。

休んで食事をしているとき、ヴィサンは、龍の鉾が戻ってくるのを見ました。彼はそれを止めようと起き上がりましたが、できませんでした。彼は、鉾が自らを鉾掛けに掛けるのを待って、それを手に取り、投げ返しました。鉾は龍が投げたところより、はるか遠くの王国の上を飛んでいきました。

龍は、自分の鉾が投げ返されてきたのを見て、言いました。

「おお、危険な敵が、わしの城に来ている。ヴィサンか？　彼ほど勇敢なやつは、世界のどこにもいない」

ヴィサンは、食事を終えていませんでしたが、出てきて王女に尋ねました。

「どの道で、龍は家に戻ってきますか？」

「金の橋を通る道です」

ヴィサンは、金の橋へ行き、その下に身を隠し、待ち始めました。すぐに大地が揺れ始め、雷鳴のような馬の蹄の音とともに、龍がやって来ました。龍が橋に着くと、龍の馬がおののき、尻込みしました。龍は馬を鞭打ち、大きな声で叫び、罵りましたので、谷は鳴り響き、水は泥を吹き上げました。

〝お前に　呪いあれ、意気地なしの　痩せ馬め！
犬たちが　お前の　肉を　食べてしまうぞ、
狼たちが　お前の　皮を　引き裂いてしまうぞ、
カラスたちが　お前の　目を　突き出してしまうぞ！
なぜ　お前は　止まるのか、足が　不自由になったのか？

悪魔でも　見たのか　それとも　鬼の子か？
勇敢な　ヴィサンは　まだ　生まれていない、
今朝は　まだ　戦に　来てはいない！〃

ヴィサンが、橋の下から出てきて、言いました。

〃吠えるがよい、薄汚い龍よ、吠えろ、
私は　ここに　いる　お前の　血を　流すため！〃

龍は、彼を目の当たりにし、ずる賢く言いました。

「ヴィサン、ヴィサン、お前さんと私のような者は、世界のどこにもいない、兄弟の契りを結ぼう。パンを食べ、ワインを飲み、王たちのように暮らそう」

ヴィサンは、龍が善意など持っていないことを知っていて、こたえました。

「私は、お前のような薄汚い龍と、義兄弟になるような愚か者では決してない！　お前は、どう戦いたいか？　剣を取ろうか、鉾か、それとも取っ組み合いか？」

「取っ組み合おう。それが勇敢な男たちに、より相応しい」

彼らは、朝から午後まで、何度も取っ組み合いましたが、勝負はつきませんでした。

「二つの火打石の車輪に姿を変え、一つはこちらの丘に上がり、もう一つはあちらの丘に上がり、互いに体当たりすることにしよう。砕けた方が負けだ」龍が言いました。

車輪は、険しい坂を転がり始め、互いに鋭く打ち合いましたので、四方に火花が散りました。彼らは、このようにして夕刻五時まで戦いましたが、どちらの車輪も砕けませんでした。ヴィサンを打ち負かすことは不可能と見て、龍は緑の炎に姿を変えました。今度は、ヴィサンが赤の炎に姿を変え、彼らは再び日没まで戦い、双方とも、疲れ果てて倒れこみました。彼らは、横たわりながら、腐肉を狙うハシボソガラスが頭上を飛ぶのを、目にしました。

龍が大声を上げました。

「ハシボソガラス、ハシボソガラス、城まで飛んで行き、私が力を取り戻せるよう、一切れのパンとグラス一杯のワインを、持ってきておくれ。ご褒美に、餌としてヴィサンの死骸をお前にやろう」

次に、ヴィサンがカラスに言いました。

「ハシボソガラス、ハシボソガラス、池に飛んで行き、水で翼を濡らし、薄汚い龍を弱らせるよう、水を緑の炎に振りかけておくれ。私は、餌として九つの龍の肉の山をお前にやろう」

カラスは翼を水で濡らし、緑の炎に振りかけ、消してしまいました。ヴィサンは龍を捕まえ、投げ落とすと、龍は耳まで地面に沈んでしまいました。それから彼は、鉄の鉾を手にして、バシッ！　バシッ！　バシッ！　っと、頭から龍を切りつけました。後に三つの肉の山を残し、彼はカラスに言いました。

「ここ金の橋に、三つの肉の山がある、銀の橋にも三つ、そして銅の橋にももう三つ。食べるが良い、どのように食べようとも、いつ食べようとも、お前を喜ばせるだろう」

ヴィサンには、他に何がすることが残っているでしょうか？　彼は、龍の馬に乗って金の城まで行き、そこで王の一番若い娘を見つけました。ヴィサンは、彼女とともに馬で行き、真ん中の娘に追いつき、それから一番上の娘に追いつきました。皆が一緒になったところで、彼らは宴会を開き、三日と三晩食べて飲み続けました。

「さて、あなたがたをお父上のところに連れて行きましょう」勇敢な若者が言いました。

彼らは出発し、ヴィサンは大いに満足していましたが、不運が迫っていました。鎖の垂れ下がった天国の城門までやって来ると、ヴィサンは、一番上の娘を脇に抱え、地上の塔に着くまで下りてきました。それから彼は、再び上り、真ん中の娘とともに下りてきました。三度目には、一番若い娘を連れ帰りましたので、これで皆、地上の塔に下り立つことができました。

突然、王女たちが何かを思い出しました。

いました。

「ああ、どうしましょう、私は、大切な櫛を、龍の城に忘れてきてしまった」一番上の娘が言いました。

「私も、櫛を忘れてきました」真ん中の娘が言いました。

「私も」一番若い娘が言いました。

三人姉妹皆が、大切な櫛を忘れてきてしまったのでした。

「どこへ置いてきたのですか?」ヴィサンは尋ねました。

三人がそれぞれ、大切な櫛をどこに置いてきたのかを言い、ヴィサンは、櫛を取ってくるため、もう一度鎖を上って行きました。

王は、望遠鏡で娘たちを見て、塔から娘たちを下ろすため、数名の兵隊を送りました。彼は一番若い娘を、平凡な召使と結婚させなければならないと知り、そのような義理の息子を持つことは、王として、不名誉なことだと考えました。そこで王は、石の塔を壊すよう命じました。

「ヴィサンは、もう戻って来ないだろう。彼は、空の国に残ったままだろう」王は、嬉しそうに、そう思いました。

ヴィサンは、大切な三つの櫛を持ち帰り、鎖の一番下まで下りて来ましたが、いかなる塔も見当たりませんでした。これでは、地上に下りることができません。空に戻るほか、どうしようもなく、あまりに悲しく惨めで、彼は、何をしたら良いか、どこへ行ったら良いか、分かりませんでした。ようやく、彼は、食べ物と屋根がありそうなので、龍の城に戻る決心をしました。しかし、一人きりで、話す相手もいないので、落ち着きませんでした。

ヴィサンは、王の一番若い娘が住んでいた宮殿に入り、ベッドに横になりましたが、彼は、まるで死んだように見えました。

龍たちには、三羽の、貪欲なハゲワシの姉妹がありました。彼らは、龍が死んだと聞いて、言いました。

「龍の城にある物は、誰も必要としないだろうから、行って、何か取ってこよう」

龍はとても金持ちだったので、彼らは、金や宝石などを取りにやって来ました。

三羽のハゲワシは、金の宮殿に入ると、ヴィサンを目にしました。ヴィサンが目を閉じて、横になっているのを見て、彼らは、彼が死んでいると思い、言いました。

「ヴィサンは、私たちの兄弟を殺したが、彼も死ぬ羽目となったのだ！」

一番上のハゲワシが、一番若いハゲワシに言いました。

「行って、彼の足を摑まえ、肉を骨まで裂きなさい。もし彼が動かなければ、皆で彼を食べるとしよう」

一番若いハゲワシは、彼を鉄の嘴で摑まえ、骨までその肉を裂きましたが、ヴィサンは動きませんでした。

一番上のハゲワシが、真ん中のハゲワシに言いました。

「行って、彼の腕を掴まえ、肉を骨まで裂きなさい。もし彼が動かなければ、皆で彼を食べるとしよう」

ヴィサンは、できる限り耐え、動きませんでした。

一番上のハゲワシが言いました。

「さて、私が行って、彼の目の一つを突き出そう、それでもし彼が動かなければ、皆で彼を食べるとしよう」

一番上のハゲワシは、鋼鉄のような嘴と、鎌のような鈎爪を持っていました。ハゲワシは、ゆっくりと彼に近づき、彼の目を突き出そうとしましたが、その瞬間、ヴィサンは彼女の首を掴み、その首を切り落とそうと、ベッドの下にあった斧を探しました。

他の二羽のハゲワシは、恐れをなし、青空の中に姿を消しました。捕らえられたハゲワシは、懇願し、言い立て始めました。

「私を殺さないで、切にお願いします。私の命を助けてさえくれれば、あなたのために何でもします」

「私を、母なる大地に連れ帰ってくれるか？」

命の危険に晒されているとき、老いたハゲワシに何が言えるでしょうか？

「かしこまりました、勇敢なヴィサン、命だけは助けてください。私に乗って、どこへ行きたいか言ってください、私が、あなたをそこへ連れて行きましょう」

ヴィサンはその背中に乗りました。ハゲワシが翼を広げると、空の半分が覆われました。

「どのようにお連れしましょうか、風のように速くでしょうか？」

「風のように速く」ヴィサンは言いました。

飛び立っと、彼は顔に風を感じるばかりでした。

その後すぐ、ハゲワシは地上に降り立ちました。

そこで彼女は、ヴィサンに別れを告げました。ヴィサンも彼女に礼を言い、幸運を祈ると告げました。

ハゲワシは空高くに飛び去り、一方、ヴィサンは王の城を目指して出発しました。彼は、夜の月明かりと、昼の陽光に導かれ、歩きに歩いて、ロマのテントまでやって来ました。馬の群れを持つロマが言いました。

「私の馬たちを、牧草地に連れて行ってもらいたいが、報酬には何が欲しいかね？」

「そうですね、一年に金の粒七つでは」

二人は同意し、ヴィサンは、ロマの馬飼いになり、馬の世話をし始めました。

しばらく後のこと、未来の花婿と期待される一人の王子が、王の一番上の娘の手を取りたいと、申し出ました。申し出は受け入れられ、結婚式の日を決めたあと、王女が言いました。

「私が龍の天上の城で持っていたような、豪華な櫛を作ってください、それから結婚式を祝いましょう」

花婿は、櫛を作るため、熟練した職人を探しに行き、偶然にもロマのテントへの道を見つけました。

「お前は鍛冶屋か?」

「もう探す必要はもうありません、鍛冶屋は私です」

「私に、豪華な櫛を作ることができるか?」王子は尋ねました。

「ええ、私に金と宝石をいただけるならできます」ロマがこたえました。

王子は金と宝石をロマに与えました。ロマが、それらを火にくべ熱したところ、黒くなってしまい、何とか試みましたが、櫛を作ることはできそうもありませんでした。ロマはどうして良いのか、分かりませんでした。彼は、自分の首が刎《は》ねられるかも知れないと恐れて、座って泣き始めました。

ヴィサンは、ロマが仕事を終えて、食事に戻ってくるのを待っていましたが、作業場に行き、働いていたかのように装うため、ハンマーを取って鉄床を打ち始め、その後で、ポケットから一番始めの櫛を取り出しました。

「こちらへ来てください、親方、この櫛を見てください」

ロマは見ましたが、自分の目が信じられませんでした。

「この櫛を持って、王様の城に行き、代価として金の粒の入った財布三つを求めてください」

ヴィサンは言いました。

ロマは、櫛を城に持っていき、金の粒を受け取りました。王の娘は、その櫛を見て、思い当たりました。

「父上、父上、この櫛は、ヴィサンが空にある龍の城から取り返してきたものです！」

王は、娘をぴしゃりと叩き、言いました。

「たとえヴィサンが翼を持っていても、まだ空から戻って来られる筈がない」

娘は、それ以上物も言わず、婿を受け入れました。

祝宴はとても陽気に行われ、このようにして王の一番上の娘は結婚しました。

間もなく、一人の花婿がやって来て、王の真ん中の娘と結婚し、その手を取りたいと申し出ました。

彼らがすべてを合意し、結婚の日取りを決めた後、王女は花婿に、彼女が龍の城で持っていたような、金とダイヤモンドでできた櫛を作らねばならないと要求しました。

花婿は、金と宝石を持って、ロマのところに行きました。

「こんにちは、親方！」

「こんにちは、王子！」

「私のために、金とダイヤモンドでできた櫛を作れるかね？」

「もし、私に金と宝石をいただけるならできます、できますとも！」

王子はダイヤモンドと金を与え、ロマは働き始めました。彼は、ダイヤモンドと金を火にくべたところ、それらは赤く変色してしまい、何とか試みましたが、櫛を作ることはできそうもありませんでした。ロマは、とても惨めで怖くなって泣き始め、テントに閉じ籠ってしまいました。

ヴィサンは、近くにいたのですが、ロマが出て行った後すぐ作業場に行き、ハンマーを手にすると、まるで仕事をしているかのように、鉄床を叩き始めました。それから、彼は二つ目の櫛をポケットから出しました。

「ここへ来てください、親方、見てください、櫛はできました」

ロマは、それを見て喜びました。

王子は、このような美しい櫛を見て、喜びの涙を目に浮かべました。「代価はいくらかね？」

「金の粒の入った財布、六つです」

王子は、金の粒の入った財布六つを払い、櫛を持って去りました。彼が櫛を花嫁に与えたとき、彼女は思い当たりました。

「父上、父上、この櫛は私が龍から貰ったものです、ヴィサンが持ってきたに違いありません」

王は、彼女をぴしゃりと叩き、言いました。

「たとえヴィサンが翼を持っていても、まだ空から戻って来られる筈がない」

娘は、それ以上物も言わず、婿を受け入れました。そして、こうして王の真ん中の娘は結婚しました。


しばらく時が過ぎ、一人の婿が、王の一番若い娘と結婚し、その手を取りたいと申し出ました。彼らは婚約しましたが、彼女は花婿に、彼女が龍の天上の城に残してきたものと同じ櫛を作らねばならない、さもなくば結婚はしないと告げました。

花婿は、金と宝石を用意しましたが、どこで、そんな熟練の職人を見つけられるでしょう？彼は、ロマを信頼することにして、ロマのテントにやって来て言いました。

「お前は、鍛冶屋か？」

「もちろんです」

「私のために、櫛を作れるか？」

「できます、できますとも、ただ、金と宝石をいただければ」

「そのための、代価はいくらになるか？」

「金の粒の入った財布九つです」

彼らは握手し、ロマは仕事を始めました。

彼は、三日の間作業場を離れませんでした。彼は、金を溶かし、輝く石を取り付けようとしたのですが、またすべてがうまく行かず、櫛を作ることができませんでした。王子が兵隊を連れて、櫛を受け取りに来ましたが、何が起こったかを知ると、ロマを拘束し連行するよう、兵に命じました。彼らは、ロマを鞭打ち、斬首の刑を言い渡しました。ロマは、自分の責任ではないと説明しようとしましたが、彼の訴えに誰も耳を貸しませんでした。

「お前は、他の二つの櫛を作ったように、櫛を作らねばならない。できないなら、できる親方を探さねばならない！」

「私をテントに帰らせてください、そこには賢い使用人がいますので。その者が櫛を作ることができなければ、世界中の誰もできません！」

彼らは同意し、ロマを自由にしてやりました。ロマはテントに戻り、ヴィサンを呼んで言いました。

「作業場に行って、王様の一番若い娘のために櫛を作って欲しい、さもなくば、私もお前も死ななければならない」

ヴィサンは、しばらく考え、大胆にも、ロマの代わりに自分が王の城に行こうと決めました。

ロマは、彼を行かせることをただただ大いに喜び、ヴィサンは宮殿に向け出発しました。彼は、歩きに歩き小山までやって来ましたが、その背後に死んだ馬の頭が転がっているのに気付きました。彼は、その頭に跨り、それから鉾の先端を空に向け、次に大地に向け、さらに風の流れに沿って鉾をかざして、祈りました。そして言いました。

「私が行くべき道へ運んでおくれ、気高き黄色の馬よ！」

頭は、いかにも勇ましい軍馬に姿を変えましたが、世界のどこにでもあるような馬ではありませんでした。

馬がヴィサンに言いました。

「あなたの手を、私の右の耳に入れ、服を取り出してください。その服を着て、結婚式に大急ぎで行きましょう」

ヴィサンは、服を取り出して身に着け、宮殿に急ぎました。彼がそこに着いたとき、王は、自分の目が信じられませんでした。ヴィサンは、王の一番若い娘に三つ目の櫛を贈って、その髪に差し、彼女の手を取りました。それから王に言いました。

「もし私たちのどちらかが、他方に対して罪があるとすれば、この鉾をその者の頭に落とし、殺しましょう」

そして彼は、鉾を空に投げました。鉾は太陽と同じ高さまで飛び、王の頭の上に落ち、王を大地の中に押し沈めてしまい、その上には長い草が生い茂りました。

次に何が起こったでしょうか？　そう、とても陽気な結婚パーティーがありました。このような宴を持つために、誰かが結婚したいと望むような、豪華な御馳走でした。

〝私は　柄の短い　スプーンに　跨って乗りました、
すぐに　あなたの　お口に　届くよう！〟

解説

中島崇文

モルドヴァ共和国は北、東、南をウクライナに囲まれ、西方ではルーマニアと接する小国である。ルーマニアの北東部もモルドヴァ地方であるが、この地域はかつて中世においては今日のモルドヴァ共和国とその周辺地域を含む領域とともにモルドヴァ公国を形成していた。モルドヴァ公国がこのように分断されることになった契機は、一八一二年にロシア帝国がモルドヴァ公国のほぼ中央を流れるプルート川より東の地域を併合したことにさかのぼる。それ以来、同地域は百年余の間、ロシア帝国領ベッサラビアとしての歴史を歩むことになり、ロシア化が進展した。二十世紀に入り、ロシア革命が起こると間もなくベッサラビアはルーマニア王国と統合し、「大ルーマニア」の一部を成すこととなった。しかしながら一九四〇年になるとソ連に併合され、モルダヴィヤ・ソヴィエト社会主義共和国として再びロシア人の支配下に置かれることとなる。これに終止符が打たれたのは一九九一年のことであった。ソ連邦解体の流れの中で、モルドヴァ共和国へと国名が変更され、ようやく八月二十七日に独立宣言が発せられたのである。

独立後の歩みも平坦ではなかった。国内は基幹産業に乏しく、経済は依然としてロシアへの依存度が高くなっている。こうしたことからモルドヴァ共和国は欧州最貧国の一つとして語られることが少なくない。ただし、首都は徐々に整備されてきており、同国の治安は比較的良好であり、近年、外国から訪れる観光客も徐々に増えてきている。また、現在、大統領（マイア・サンドゥ）や首相（ナタリア・ガブリリツァ）といった要職も女性が務めており、女性の社会進出も顕著である。今後もさらなる発展が大いに期待される国となっている。

同国の首都キシナウは緑豊かな都市である。市内中心部に立地する政府庁舎の北西には「シュテファン大公」公園が広がっている。これはロシア帝国時代に築かれたものであり、アカシアなどの樹木が植えられ、噴水や花壇もあり、市民の憩いの場となっている。注目すべきは公園の中心部にプーシキンの立派な胸像が一八八五年より設置されていることである。ロシア近代文学を代表するこの詩人はロシア当局に目をつけられ、シベリアへの流刑から逃れるため、一八二〇年より三年もの間、ここキシナウに滞在していたのであるが、今日においてもキシナウ市民によって偉大な作家の一人として認識されている。ソ連時代の一九五八年にはミハイ・エミネスク、イオン・クレアンガ、ルチアン・ブラガ、ヴァシレ・アレクサンドリといった、ルーマニアとモルドヴァの文学を代表する十二名の小さな胸像が立ち並ぶ「古典的な作家の小道」も設置された。

ソ連邦崩壊後はさらに追加され、今日では公園内の胸像の数は二十八に達している。

訳者の雨宮夏雄氏があとがきで言及しているカザネシュティ村の学童保育センターは、解説者も十回ほど訪れ、そのうち九回は日本から学生たちを連れていったものであるが、二十名前後の子どもたちが毎回欠かさず、詩の朗読をしてくれて感激したことを覚えている。モルドヴァの自然の豊かさを表現した愛国的な内容のものが少なくないが、小中学校の上級生から下級生に至るまで、詩を暗記して朗々と読み上げるのは、同国では情操教育の一環として重要視されているようである。

以上のことからモルドヴァにおいては文学というものが人々にとって極めて重要な役割を果たしていると理解することができる。その結果、小国ながら民話も豊富に存在しており、雨宮氏が原書を手にしたのも偶然ではないと思われる。

興味深いことは、英語版の原書がソ連時代末期の一九八〇年代に刊行されたことである。当時はまだロシア語が公用語であり、英語は世界のどこか遠くのところにある言語であったに違いないにもかかわらず、まだ国外ではほぼ無名であったモルドヴァという国の民話を外国の人たちにも広く知ってほしいというボテザートゥ氏の思いがあったものと考えられる。本書は一九八六年に出版された第二版を邦訳したものであるが、初版は一九八一年に出版されており、これはソ連でゴルバチョフが登場し、ペレストロイカとグラスノスチを推し進めるよりも数年前のことであったということになる。なお、本書に収められている第十二話の「アリスター」は単独で一九八三年にイラスト入りのペーパーバックでも英訳されたものが出版されており、特に重要な民話の一つとして著者がみなしているものと考えられる。

本書に収められた民話にはモルドヴァの自然や風土が存分に描かれている。例えば、第一話では「モルドヴァの国のいたる所が丘や岩でいっぱいになってしまいました」、また、第三話では「森の端に洞穴がありました」、さらに第八話には「はるか遠くの森までやって来ると、そこで洞穴を見つけました」という記述があるが、実際に同国は平野が少なく、国土の大半はなだらかな丘陵地帯に覆われている。岩と言えば、首都キシナウより北の方に一時間ほど車を走らせたところにあるオルヘイウル・ヴェキがまず想起される。この集落は世界遺産登録が目指されており、湾曲したラウトゥ川に囲まれた小高い丘という独特の地形が印象的であるが、その中には岩窟修道院もひっそりとたたずんでいる。

また、第一話では「タタール王子」も登場するが、十三世紀頃、実際にヨーロッパ東部の広範な地域にタタール人が侵攻し、モルドヴァもその脅威にさらされたのであって、タタール人はこの地域の人々にとっても身近な存在となっている。第四話には「ロマの鍛冶屋」、第十三話には「ロマのテント」という言葉も盛り込まれているが、ロマも昔からこの地にいたのであった。

第二話では「深い森」や「野生の獣たち」、第三話では「キツネ、オオカミ、クマ、ハリネズミ」、第四話では「オオカミ」や「クマ」、第七話では「野ウサギ」、「羊やブタの群れ」、第八話では「三匹のヤギ」や「野生のイノシシ」、第九話では「年老いたロバ」、第十一話では「カエル」や「リス」といった語句が見られる。実際にキシナウ市にはコドゥル（森）と称する町も含まれており、地名通りに広大な森林地帯も広がっている。また、首都に設置されている国立民俗学・自然史博物館にはマンモスを始めとして、これまでにモルドヴァに存在したことのある様々な野生動物が展示されている。小国ながらも野生動物の種類は多く、これが民話でも様々な形で登場している。とりわけモルドヴァを象徴する動物は牛であるが、やはり民話においても欠かせないものとなっており、第六話では「牛」、第七話では「牛飼いたち」について触れられている、

農業国モルドヴァらしい側面として、第九話で「トウモロコシ」、第十話で「西洋梨」や「サクランボ」といった具合に農作物も様々な民話の中で言及されている。特にリンゴはモルドヴァで主要な果物となっており、第一話においては「金のリンゴ」、第十一話においては「生命のリンゴの木」として価値のあるものとして描かれている、

しかしながら、モルドヴァを代表する果物はやはり葡萄であろう。本書においても、第二話では「たわわに実った葡萄の木」や「ワイン」、第四話では「魔法のビンからは、溢れるほどのワインを注いだのでした」、第十話では「聖杯ほど大きい葡萄を実らせた葡萄園」、第十一話では「三桶のワイン」、第十二話では「干し葡萄入りのパン」や「ワイン樽」、第十三話では「旨いワ

イン」といった具合に、大半の民話の中で葡萄は欠かせないモチーフとなっている。

中世においてはタタール人やオスマン軍、近代にはロシア軍、第二次世界大戦期にはドイツ軍がモルドヴァの地に攻め込んできたことは民話の中でも描かれている。第九話において「ある日、悪い報せが王国中に広がりました。敵の軍隊が、王の国境を越え、戦争を仕掛けてきたのでした」という文章が含まれているが、これはその典型的な例であろう。

第三話においては「老人は一口飲んだだけで元気になり、力を取り戻しました」、第五話では「新しい服を着た力強く元気な老人が飛び出して来ました」といった文章が含まれている。社会主義期に長寿の治療薬として開発されたジェロヴィタールで有名な隣国のルーマニアでは不老不死や若返りが民話の主要なモチーフの一つとなっているが、これはモルドヴァでも同様であるといえよう。

のどかな風景の広がるモルドヴァであるが、訳者も指摘されている通り、民話のストーリーの展開は激しいものが少なくない。しかしながら、想像力豊かな味わい深い内容となっており、登場人物が生き生きと描かれ、読み手を惹きつける不思議な魅力に富んでいるといえよう。雨宮夏雄氏によって丹念に訳された文章も民話にふさわしいものとなっている。

モルドヴァ共和国と日本は一九九二年三月二六日に外交関係を開設したため、今年はちょうど三十周年ということになる。このような節目となる年に本書が日の目を見ることは誠に喜ばしい。できるだけ多くの人に読んでいただき、知られざる小国モルドヴァが身近に感じられるきっかけとなることを願いたい。

訳者あとがき

ルーマニア在勤中の二〇一二年春以来、いくどかモルドヴァを訪問した。目的の一つは、首都キシナウの北へおよそ一〇〇キロメートルほどのカザネシュティ村の学童保育センターを視察することであった。センターでは、私が代表を務めていた「モルドバジャパン」の支援を得て、親が出稼ぎに出ている子どもたちを対象に、学習指導や給食の提供などの生活支援を行っていた。子どもたちは、片言の日本語で私たちを出迎え、歌やダンスを披露して歓待してくれた。視察の後には、いつでも村の家々からも招待され、誠に心温まるもてなしを受けた。

二つのことが強く印象に残った。モルドヴァの人々の純朴さ、優しさと、肥沃な大地に育まれたモルドヴァの食べ物の美味しさである。モルドヴァの魅力は「おもてなしとワイン」と人々は言うが、なるほどその通りであった。

しかし、一つの疑問も浮かんだ。人口わずか二六〇万人余、面積は日本の九州ほどの東欧の小国。国家としての出現は十四世紀のモルダヴィア公国の樹立に始まるが、十六世紀以降二十世紀末まで、ロシア、オスマントルコなど、周辺大国の支配あるいは勢力下にあった。歴史を通じて厳しい状況に置かれてきたモルドヴァで「おもてなしの国」と笑顔で言う人々の、心の中の風景はどのようなものなのか。

モルドヴァは民話の宝庫である。十、十一世紀、モルダヴィアの地（現在のルーマニア東北部及びモルドヴァを含む地域）において、豊かな民間伝承が出現し、人々は様々な伝説や英雄的な叙事詩などを後世に伝えてきた。モルダヴィアの民として受け継がれてきた感性や想像力がいかなるものか、その景色の一端を民話の中で伺い知ることができる。


本書の物語の主人公たちは「純朴で優しい」をはるかに越えて、実に勇猛果敢である。天界や地下世界、時には悠久な時の中を自由に駆け回り、異能の者の仲間や王女たちに支えられ、過酷な運命やおどろおどろしきものたちに立ち向かい、勝利を手にする。物語は時に儚さを漂わせつつ、過激に生々しく展開し、読む者の血を沸き立たせる。

モルドヴァの人々は、繰り返される周辺大国の侵略や抑圧に耐えながら、「おもてなしの国」という笑顔の内に、古より今に連なる祖国への思いと誇りを湛え、自らを奮い立たせ、厳しい歴史に立ち向かってきたのではないか。

出版社との打ち合わせが始まった二〇二二年二月二十四日、ロシアのウクライナ侵攻が始まった。連日テレビで戦況報道があり、ウクライナを中心とする東欧の地図が映し出される。ウクライナの悲惨な状況に胸がつぶれる思いだが、同時に隣国の小国モルドヴァに目が釘付けとなる。「東欧を制するものは世界を制す」、英国の地政学の開祖は一〇〇年前にそう唱えたが、今また東欧が蹂躙されようとしている。ウクライナとルーマニアの間でまるで幼子のように身を屈める小国モルドヴァ。人々の心の中に、雄々しい民話の英雄たちが立ち現れているだろうか。

本書の刊行は多くの方のご支援の賜物である。まずは、本書の邦訳をご快諾頂いた原著作者にして著名な民俗学者であるグリゴーレ・ボテザートゥ氏に、心からの敬意と感謝を表さねばならない。ただ誠に残念ながら、同氏は昨年十二月、享年九十二歳にして逝去されたとのことであった。ご存命中に邦訳版をお届けできなかったことに悔いが残る。心からのご冥福をお祈りしたい。第二に、元モルドヴァ大統領補佐官にして、現在「モルドヴァ・日本文化文明協会」理事長のライサ・ブラドツァーヌ女史に謝意を表したい。原著作者に加え、挿画作成者レオニドゥ・ドムニン氏（二〇一四年に逝去されたことが後日判明）への交渉等、モルドヴァにおけるいくつもの面倒な連絡や調整を同女史にお引き受け頂いた。また、大学在学中よりモルドヴァに関心を持ち、同国の人々に深く心を寄せてきた「モルドバジャパン」代表の稲田容子さんにも心からの謝意を表したい。モルドヴァの真の友人であり理解者である彼女と、その仲間たちの支えが本書刊行の大きな力となった。

東欧研究及び東欧諸国との研究・教育交流実践の第一人者である学習院女子大学中島崇文教授にも格別のご協力を賜った。本書刊行に際し、真に貴重な解説文をお寄せ頂くとともに、ご専門の立場から様々なご助言を頂戴した。解説文では、物語の舞台となるモルドヴァの厳しい歴史や美しい自然などを明快に紹介され、主人公たちの活躍を鮮やかに彩って頂いた。お力添えに心からの感謝を申し上げる。

多くの貴重な啓蒙の書を出版されている明石書店から拙著が出されることは誠に光栄である。研究書でもない拙著の出版をご決断頂いた大江道雅社長に、厚くお礼を申し上げる。また本書の編集をお引き受け頂いた秋耕社の小林一郎氏には、当方の知識不足でご迷惑をおかけした。貴重なご指摘、ご提案を頂いたことに併せて謝意を表したい。

最後に、私の翻訳草稿の最初の読者であり、本書出版に向け後押ししてくれた妻・三重子に心からの感謝を伝えたい。

二〇二二年四月一日

雨宮夏雄

著者プロフィール

Botezatu Grigore（グリゴーレ・ボテザートゥ）

モルドヴァ共和国の民俗学者。1929 年 1 月 14 日、同国バルツィ郡生まれ。
1954 年、モルドヴァ国立大学歴史学部を卒業し、モルドヴァ科学アカデミーの歴史・言語・文学研究所に勤務。文献学博士号を取得。長年に亘り、モルドヴァ共和国だけでなく、ウクライナのキロボクラード、ニコラエフ、オデッサ地域や北コーカサスのモルドヴァの村でも民話を収集し、多数の研究成果を発表し高い評価を受ける。
1975 〜 1983 年には "*Creația populară moldovenească*"（モルドヴァの民衆の創作物）全 16 巻の作成と編集に参加するなど、民間伝承の分野で一連の研究の取り纏めに貢献。
2004 年、短編小説 "*Apa tinereților*"（青春の水）でモルドヴァ作家連合賞を受賞。
2021 年 12 月、首都キシナウにて逝去。享年 92 歳。

〔著作（一部）〕
Folclorul haiducesc în Moldova（モルドヴァの義賊民間伝承）1967 年
Folclor moldovenesc. Studii și materiale（モルドヴァの民間伝承：研究と資料）1968 年
Făt - Frumos și Soarele（美童子と太陽）1982 年
Plugul de aur. Parabole și povești nuvelistice（黄金のすき：たとえ話と短編小説）1985 年
Moldavian Folk-Tales（モルドヴァ民話）1986 年
Creația populară. Curs teoretic de folclor românesc din Basarabia, Transnistria și Bucovina（民衆の創作物。ベッサラビア、トランスニストリア、ブコヴィナのルーマニア民間伝承論）1991 年

訳者

雨宮夏雄（あめみや・なつお）

慶應大学卒、1973 年同大学院法学研究科修了、国際交流基金に入職。在米国ニューオーリンズ総領事、国際交流基金理事を経て、2009 年秋より在ルーマニア特命全権大使。2012 年帰国し、翌年国立愛媛大学国際連携推進機構客員教授。2014 年 12 月一般社団法人モルドバジャパン代表理事。2022 年 4 月より同法人顧問。

解説

中島崇文（なかじま・たかふみ）

学習院女子大学国際文化交流学部教授。外務省研修所非常勤講師。専門は中・東欧地域研究、ルーマニア・モルドヴァ史。

モルドヴァ民話

2022年7月15日　初版第1刷発行
2023年4月30日　初版第2刷発行

収集・語り　グリゴーレ・ボテザートゥ
訳　者　雨　宮　夏　雄
発行者　大　江　道　雅
発行所　株式会社 明　石　書　店
〒101-0021 東京都千代田区外神田6-9-5
電話　03 (5818) 1171
FAX　03 (5818) 1174
振替　00100-7-24505
https://www.akashi.co.jp/
組　版　有限会社秋耕社
装　丁　明石書店デザイン室
印刷・製本　モリモト印刷株式会社

（定価はカバーに表示してあります）　ISBN 978-4-7503-5414-9

中央アジアを知るための60章【第2版】
エリア・スタディーズ 26　宇山智彦編著　◎2000円

ウズベキスタンを知るための60章
エリア・スタディーズ 164　帯谷知可編著　◎2000円

カザフスタンを知るための60章
エリア・スタディーズ 134　宇山智彦、藤本透子編著　◎2000円

アフガニスタンを知るための70章
エリア・スタディーズ 185　前田耕作、山内和也編著　◎2000円

ロシアの歴史【上】古代から19世紀前半まで【下】19世紀後半から現代まで　ロシア中学・高校歴史教科書
世界の教科書シリーズ 31・32　A・ダニロフほか著　吉田衆一ほか監修　◎各6800円

ポーランドの高校歴史教科書【現代史】
世界の教科書シリーズ 12　アンジェイ・ガルリツキ著　渡辺克義、田口雅弘、吉岡潤監訳　◎8000円

バルカンの歴史　バルカン近現代史の共通教材
世界の教科書シリーズ 37　クリスティナ・クルリ総括責任　柴宜弘監訳　◎6800円

アファーマティヴ・アクションの帝国　ソ連の民族とナショナリズム、1923年～1939年
テリー・マーチン著　半谷史郎監修
荒井幸康、渋谷謙次郎、地田徹朗、吉村貴之訳　◎9800円

黒海の歴史　ユーラシア地政学の要諦における文明世界
世界歴史叢書　チャールズ・キング著　前田弘毅監訳　◎4800円

リトアニアの歴史
世界歴史叢書　アルフォンサス・エイディンタスほか著　梶さやか、重松尚訳　◎4800円

バルト三国の歴史　エストニア・ラトヴィア・リトアニア　石器時代から現代まで
世界歴史叢書　アンドレス・カセカンプ著　小森宏美、重松尚訳　◎3800円

テュルクの歴史　古代から近現代まで
世界歴史叢書　カーター・V・フィンドリー著　小松久男監訳　佐々木紳訳　◎5500円

ロシア正教古儀式派の歴史と文化
世界歴史叢書　阪本秀昭、中澤敦夫編著　◎5500円

独ソ占領下のポーランドに生きて　祖国の誇りを貫いた女性の抵抗の記録
世界人権問題叢書 99　カロリナ・ランツコロンスカ著　山田朋子訳　◎5500円

第二次大戦下リトアニアの難民と杉原千畝　「命のヴィザ」の真相
シモナス・ストレルツォーバス著　赤羽俊昭訳　◎2800円

モスクワ音楽都市物語　19世紀後半の改革者たち
スヴェトラーナ・コンスタンティーノヴナ・ラシチェンコ著
広瀬信雄訳　◎2500円

〈価格は本体価格です〉